O Estado de Bem-Estar
Social no Século XXI

1ª edição — 2007
2ª edição —2018

Mauricio Godinho Delgado
Lorena Vasconcelos Porto

Organizadores

O Estado de Bem-Estar Social no Século XXI

2ª edição

EDITORA LTDA.
© Todos os direitos reservados

Rua Jaguaribe, 571
CEP 01224-003
São Paulo, SP — Brasil
Fone (11) 2167-1101
www.ltr.com.br
Março, 2018

Produção Gráfica e Editoração Eletrônica: R. P. TIEZZI
Projeto de Capa: FABIO GIGLIO
Impressão: FORMA CERTA

Versão impressa — LTr 5942.3 — ISBN 978-85-361-9532-2
Versão digital   — LTr 9336.2 — ISBN 978-85-361-9598-8

Dados Internacionais de Catalogação na Publicação (CIP)
(Câmara Brasileira do Livro, SP, Brasil)

O Estado de bem-estar social no século XXI / Mauricio Godinho Delgado, Lorena Vasconcelos Porto (organizadores). — 2. ed. — São Paulo : LTr, 2018.

Bibliografia.

1. Bem-estar social 2. Estado do bem-estar 3. Século 21 I. Delgado, Mauricio Godinho. II. Porto, Lorena Vasconcelos.

18-12251   CDD-330.126

Índice para catálogo sistemático:
1. Estado do bem-estar social : Economia 330.126

Organizadores:

DELGADO, Mauricio Godinho

PORTO, Lorena Vasconcelos

Autores:

DELGADO, Mauricio Godinho (Brasil)

FARIA, Carlos Aurélio Pimenta de (Brasil)

FERRERA, Maurizio (Itália)

KUHNLE, Stein (Noruega)

MANOW, Philip (Alemanha)

MERRIEN, François Xavier (França)

PORTO, Lorena Vasconcelos (Brasil)

SUMÁRIO

Apresentação 11
Mauricio Godinho Delgado; Lorena Vasconcelos Porto

Capítulo 1 ◆ A Atualidade do Estado de Bem-Estar Social............21
Mauricio Godinho Delgado; Lorena Vasconcelos Porto

1. Introdução 21

2. Estado de Bem-Estar Social (EBES): construção e desenvolvimento..........22

3. Democracia, trabalho e justiça social no EBES................................24

4. A crítica ultraliberalista ao EBES 26

5. A atualidade do EBES no capitalismo contemporâneo 29

6. Referências bibliográficas...32

Capítulo 2 ◆ Uma Genealogia das Teorias e Tipologias do Estado de Bem-Estar Social 33
Carlos Aurélio Pimenta de Faria

1. Introdução 33

2. As teorias sobre as origens, a expansão e a crise do Estado de Bem-Estar Social 34

3. Tipologias do Estado de Bem-Estar e regimes de políticas sociais............52

   3.1. O modelo bismarckiano de Estado de Bem-Estar Social....................52

   3.2. O modelo beveridgeano de Estado de Bem-Estar Social 54

Sumário

3.3. Richard Titmuss e sua precursora tipologia do *Welfare State* e das políticas sociais...58

3.4. Redimindo as tricotomias: os três mundos do bem-estar capitalista de Esping-Andersen...62

4. Um olhar de gênero sobre o **Welfare State:** a mudança de paradigma ensejada pela crítica feminista 67

5. Referências bibliográficas...75

Capítulo 3 ◆ *A Globalização e o Desenvolvimento das Políticas Sociais* ...79
Stein Kuhnle

1. Introdução...79

2. Dimensões da globalização e impacto nas políticas sociais.................81

2.1. Globalização econômica...81

2.2. Globalização política...83

2.3. Globalização cultural...84

3. A globalização e o desenvolvimento das políticas sociais em perspectiva...86

4. Conclusão...89

5. Referências bibliográficas...89

Capítulo 4 ◆ *Recalibrar o Modelo Social Europeu: Acelerar as Reformas, Melhorar a Coordenação* 91
Maurizio Ferrera

1. Um patrimônio a reformar 91

2. Dos velhos aos novos riscos 94

3. Uma distribuição mais equânime das tutelas.................................97

4. Um Estado de Bem-Estar Social dinâmico contra as armadilhas da exclusão social 98

5. O papel da União Europeia: reforçar e modernizar a coordenação aberta 101

6. Referências bibliográficas...103

Capítulo 5 ◆ *O Novo Regime Econômico Internacional e o Futuro dos Estados de Bem-Estar Social* 104
François Xavier Merrien

1. Introdução 105

2. A era de ouro dos Estados de Bem-Estar Social 107

3. O fim da era de ouro: as reformas sob pressão internacional 110

    3.1. O exemplo francês...112

    3.2. O exemplo sueco 112

4. O dilema das políticas sociais na economia aberta 114

5. A virada neoliberal das políticas sociais..115

6. Trajetórias..121

    6.1. Convergências relativas..121

7. Divergências 124

    7.1. A trajetória neoliberal 124

    7.2. A virada neoliberal das políticas neozelandesas.........................126

    7.3. A trajetória "social europeia" 127

8. Capacidade de reformas e arranjos sociais 129

9. Conflitos políticos e capacidade de reforma da proteção social 130

10. Considerações conclusivas 133

11. Referências bibliográficas...135

Capítulo 6 ◆ *As Vantagens Institucionais Comparativas dos Regimes de Estado de Bem-Estar Social e as Novas Coalizões na sua Reforma* 138
Philip Manow

1. Introdução 139

2. As novas políticas de reforma do Estado de Bem-Estar Social 140

3. A vantagem comparativa de um estreito nexo proteção/produção..........150

4. Estados de Bem-Estar Social competitivos na economia aberta 160

5. Referências bibliográficas...162

10 · SUMÁRIO

Capítulo 7 ◆ O Estado de Bem-Estar Social nos Países Nórdicos 167
  Stein Kuhnle

1. Introdução 167

2. A criação da Seguridade Social 168

3. O papel do Estado 169

4. O modelo nórdico 169

5. Desafios atuais 172

6. Referências bibliográficas 172

APRESENTAÇÃO

I — A presente obra coletiva, *O Estado de Bem-Estar Social no Século XXI*, busca examinar as características de estruturação e funcionamento do Estado de Bem-Estar Social (EBES) e a atualidade de sua existência nesta fase do capitalismo e da Democracia na História.

II — Composta por estudos de três autores brasileiros (entre estes, os dois organizadores do livro), que se harmonizam a textos elaborados por cinco autores europeus, de importantes instituições universitárias de distintos países da Europa Ocidental (Alemanha; França; Itália; Noruega), a obra discorre sobre as principais características dessa modalidade complexa e bem sucedida de estruturação da sociedade política e da sociedade civil na História da Democracia, com os problemas e os desafios que se apresentam para a sua continuidade e fortalecimento neste início do século XXI.

O livro conta com 7 capítulos, que foram estruturados segundo razoável critério lógico-temático.

O primeiro capítulo, de autoria destes organizadores brasileiros, Mauricio Godinho Delgado e Lorena Vasconcelos Porto (*O Estado de Bem-Estar Social no Capitalismo Contemporâneo*), procura realizar uma síntese das características e contribuições do Estado de Bem-Estar Social, inclusive sua efetiva atualidade neste novo século.

Nessa linha, busca inferir a importância de alguns traços do Estado Providência no processo de construção do desenvolvimento e da justiça social em países emergentes, especialmente o Brasil.

No segundo capítulo (*Uma Genealogia das Teorias e Tipologias do Estado de Bem-Estar Social*), o Professor do Brasil, Carlos Aurélio Pimenta de Faria, discorre sobre os regimes de bem-estar social implantados no mundo ocidental desenvolvido, que institucionalizaram os direitos sociais nas respectivas sociedades e garantiram graus diferenciados de *desmercantilização* dos indivíduos nessas economias.

Segundo o autor, a implantação de tais regimes tem dependido da reunião de três pressupostos: a) disponibilidade de um excedente econômico passível de realocação social; b) presença na gestão estatal e societária do *paradigma keynesiano*; c) experiência de expansão consistente da centralização estatal e das tecnoburocracias.

Ele afirma que as razões de existência do EBES são explicadas por quatro grandes teorias: a teoria da *lógica da industrialização*; a teoria da *alocação do poder*; a teoria do *neomarxismo*; a teoria *neoinstitucionalista*.

O autor demonstra que nenhuma destas teorias, isoladamente, dá conta da complexidade do fenômeno do EBES. Destaca, no entanto, a capacidade explicativa da quarta teoria (neoinstitucionalista), que, sem desconsiderar as anteriores, agrega importante elemento de reflexão: *o fato de que as estruturas tecnoburocráticas construídas nesse período histórico iniciado em fins do século XIX não só cumpriram papel na implantação e funcionamento dos EBES como têm mantido decisiva relevância no processo de sua preservação e renovação na atualidade.*

O Professor da PUC Minas discorre, ainda, sobre as diferentes tipologias do EBES, destacando a divisão deste em dois modelos: o bismarckiano e o beveridgeano. Ele analisa também a classificação efetuada pelo renomado autor sueco Gösta Esping-Andersen, na qual se distinguem três regimes de EBES: o dito "liberal"; o dito "conservador" ou "corporativista"; e o regime "social-democrata". Por fim, o autor analisa o EBES sob a perspectiva das questões relacionadas ao gênero, destacando a mudança de paradigma ensejada pela crítica feminista.

No terceiro capítulo (*A Globalização e o Desenvolvimento das Políticas Sociais*), o Professor da Noruega, Stein Kuhnle, analisa a relação entre a globalização e o desenvolvimento das políticas sociais e do Estado de Bem-Estar Social, questionando se aquela é realmente uma ameaça a este ou se, ao contrário, ela torna mais viável a sua expansão e consolidação.

Ele inicia o seu texto por definir o conceito de globalização, analisando as características das suas três dimensões mais relevantes: a econômica, a política e a cultural.

Apesar de a relação entre a globalização e as políticas sociais poder ser estudada sob a perspectiva de qualquer das referidas dimensões, tem-se frequentemente atribuído um maior peso à globalização econômica. No entanto, a realidade vem indicando que os países reagem diferentemente a desafios semelhantes, internos e/ou internacionais, sugerindo uma resistência política e cultural. Desse modo, os aspectos da globalização política e cultural, além dos fatores internos (como as alterações demográficas) devem também ser levados em conta para compreender o desenvolvimento das políticas sociais e das reformas nos diversos países.

Embora se discuta muito, nas últimas décadas, a crise do Estado de Bem-Estar Social, ele vem demonstrando a sua força e resistência, provando que o neoliberalismo não é a única opção viável (*"the only game in town"*). O autor afirma que a direção das políticas sociais é determinada, essencialmente, por *escolhas políticas*, o que resta demonstrado pelo fato de ela variar significativamente entre países em estágios semelhantes de desenvolvimento e abertura econômica. Não há, assim, qualquer evidência empírica que comprove o determinismo da globalização econômica sobre o desenvolvimento das políticas sociais; embora ela gere efeitos sobre os Estados de Bem-Estar Social, eles são mediados pelas estruturas institucionais internas aos Estados e pelas políticas públicas nacionais. Desse modo, para o autor norueguês, a globalização econômica conta, sem dúvida, mas os fatores políticos e culturais internos é que são decisivos.

No quarto capítulo (*Recalibrar o Modelo Social Europeu: acelerar as reformas, melhorar a coordenação*), o Professor da Itália, Maurizio Ferrera, afirma que o Estado Social é uma das maiores conquistas do século XX, *um exemplo que a Europa pode mostrar às outras regiões do mundo de como é possível conjugar virtuosamente o mercado e a proteção social*. Os ideais e a estrutura geral desse patrimônio institucional mantêm hoje intacta a sua validade, mas há vários aspectos que necessitam de revisões e atualizações — seja em virtude das mudanças no contexto externo, seja por razões de ordem interna —, visando à modernização do modelo social europeu.

Entre os desafios enfrentados por tal modelo, o autor destaca as alterações sociodemográficas e a transição para uma economia baseada nos serviços e, sobretudo, no conhecimento, em um contexto de crescente internacionalização e abertura econômica. Tais desafios trazem a perspectiva de um cenário de maior bem-estar, com novas oportunidades e liberdades. Mas para concretizá-la e afastar o risco de possíveis efeitos negativos, é necessária uma modernização "inteligente" do Estado Social, baseada na correta identificação dos novos riscos e necessidades sociais ligados às duas transformações citadas. Trata-se de riscos conexos à conciliação da vida profissional com a familiar, sobretudo para as mulheres; à ausência de acesso ao conhecimento, principalmente para os jovens; à obsolescência dos atributos profissionais, sobretudo para os trabalhadores com baixa qualificação e, como efeito dos anteriores, o risco de marginalização e exclusão.

A resposta prevalente que tem sido apresentada diante desses problemas consiste em medidas compensatórias, que, além dos limites financeiros,

14 APRESENTAÇÃO

carecem de maior eficácia, uma vez que atenuam as necessidades, mas não previnem os riscos.

Dessa maneira, para o autor italiano, torna-se necessária, então, uma nova estratégia preventiva que coloque no centro das políticas sociais os novos riscos, as mulheres e os jovens, e promova concretamente as oportunidades e capacidades, e não apenas o ressarcimento posterior dos danos. Essa estratégia é denominada pelo autor de "recalibragem", sendo analisada em suas três dimensões: a funcional, a redistributiva e a normativa.

A recalibragem funcional relaciona-se ao redimensionamento da tutela para os novos riscos: sem reduzir a proteção aos idosos, as principais figuras a serem tuteladas devem ser as mães que trabalham e os menores em condições de pobreza.

A recalibragem distributiva visa a garantir uma proteção adequada aos trabalhadores precários, ocupados nos setores mais periféricos e fracos do mercado de trabalho (*outsiders*).

A recalibragem normativa, por sua vez, pretende basear as estratégias de políticas sociais em teorias de justiça distributiva e no valor da equidade dinâmica, concentrando os esforços do Estado de Bem-Estar Social onde a evidência empírica indica que são gerados problemas ou armadilhas de desigualdade e exclusão social persistentes. O autor destaca a importância de novos investimentos na educação para combater a desigualdade social, promover a cidadania e propiciar o bom desempenho na nova economia dos serviços e do conhecimento. Por fim, ele destaca o importante papel exercido pela União Europeia nesse processo de recalibragem, seja substancialmente — elaborando um diagnóstico dos problemas e propondo grandes linhas de reforma —, seja no aspecto procedimental — através do método aberto de coordenação —, discutindo as potencialidades desse método e os desafios por ele enfrentados.

No quinto capítulo (*O Novo Regime Econômico Internacional e o Futuro dos Estados de Bem-Estar Social*), o Professor da França, François Xavier Merrien, aborda, inicialmente, a expansão da ideologia neoliberal nos últimos tempos, a qual preconiza reduções e cortes no Estado de Bem-Estar Social como único modo de garantir a competitividade da economia nacional frente ao fenômeno da globalização.

O autor francês ressalta, no entanto, que tais argumentos devem ser analisados cuidadosamente, em virtude de uma série de fatores. Ele afirma que as mudanças nas políticas sociais dos diversos países não resultam de uma pressão econômica externa irresistível, mas sim, em grande parte, das transformações internas, como o envelhecimento da população, o maior desenvolvimento da economia de serviços e a redução do segmento industrial. Frente a tais mudanças, torna-se necessário equilibrar o orçamento estatal para continuar a promover as políticas sociais. *Em alguns casos, a "recalibragem" dessas políticas com o apoio dos sindicatos assegura o sucesso econômico, como demonstram os países escandinavos e a Holanda. Por outro lado, a desregulamentação da proteção social conduz a resultados econômicos negativos, como revela a Nova Zelândia.*

O autor afirma ser necessário identificar o que é realmente novo na conjuntura atual para mensurar a evolução das pressões externas sobre as políticas sociais dos Estados. Para tanto, ele procede à reconstituição das condições que propiciaram o "período de ouro" dos Estados de Bem-Estar Social, após a Segunda Guerra Mundial, e os acontecimentos ocorridos no curso da década de 1970, que vêm a abalar esse edifício. Os países passam então a enfrentar dificuldades, pois que, ao mesmo tempo em que os recursos diminuem, eles precisam financiar as políticas sociais tradicionais e aquelas necessárias à adaptação ao novo contexto.

Nesse cenário conjunturalmente adverso, a ideologia neoliberal se expande mundialmente, pregando o fim do Estado de Bem-Estar Social. Todavia, apesar das pressões para a implementação do programa neoliberal, a maioria dos governos ocidentais desenvolvidos não o adota. Figuram como exceção os países em desenvolvimento, notadamente os latino-americanos, nos quais a obediência ao receituário neoliberal, pela pressão dos organismos internacionais e das elites nacionais, provocou efeitos sociais e econômicos devastadores.

O autor passa então a analisar as dificuldades específicas enfrentadas pelos diversos modelos de Estados de Bem-Estar Social e as trajetórias de adaptação por eles seguidas. Essa análise revela uma relativa convergência no sentido de uma menor generosidade nas políticas sociais e, ao mesmo tempo, a manutenção de divergências, que refletem as heranças institucionais dos países e as escolhas políticas adotadas.

Nesse sentido, ele distingue duas trajetórias: a dita neoliberal e a social-europeia. Nesta última, as tradições institucionais, políticas e culturais impedem a ocorrência de reformas profundas direcionadas ao modelo neoliberal. A trajetória social-europeia é dividida em duas: a adaptação por meio da forte cooperação entre o capital, o trabalho e o Estado, para a renovação dos compromissos sociais, e a adaptação forçada, com base em conflitos e compromissos difíceis.

O autor conclui dizendo que a análise das trajetórias dos Estados de Bem-Estar Social revela que na grande maioria deles as adaptações foram feitas no sentido da manutenção da essência desse Estado e não para o seu desmantelamento. E que foram exatamente esses países — isto é, os que não seguiram a trajetória neoliberal — que obtiveram e vêm obtendo um melhor desempenho econômico.

No sexto capítulo (*As Vantagens Institucionais Comparativas dos Regimes de Estado de Bem-Estar Social e as Novas Coalizões na sua Reforma*), o Professor da Alemanha, Philip Manow, aborda diversas questões relacionadas aos atuais processos de reforma dos diferentes modelos de Estado de Bem-Estar Social. Ele analisa a formação de novas coalizões políticas nesses processos e discute a relativa importância do eleitorado nas reformas, quando comparada com o papel das organizações do capital e do trabalho.

O autor apresenta a discussão do custo da transação, que visa identificar uma lógica central que liga a produção e a proteção nos Estado de Bem-Estar Social continentais. *Ele defende a ideia de que generosos programas de bem-estar social podem aumentar, ao invés de diminuir, a competitividade internacional, constituindo, assim, uma vantagem institucional comparativa para uma economia.* Nesse sentido, as reformas do Estado de Bem-Estar Social e as respectivas coalizões tendem a refletir ambos os aspectos: os custos econômicos diretos e os benefícios econômicos indiretos dos regimes de bem-estar. O autor analisa os papéis exercidos pelos sindicatos, pelo empresariado e pelo eleitorado nas reformas desses Estados, ressaltando a sua complexidade e o fato de seguirem lógicas diversas em modelos diferentes.

Nessa ordem de ideias, ele discute a teoria da divisão entre os setores da economia expostos *versus* aqueles protegidos — neles incluídos as respectivas empresas, trabalhadores e sindicatos — nos processos de reforma, questionando as premissas e as conclusões dessa teoria. Ele demonstra que as vantagens institucionais comparativas das modernas economias de mercado são muito mais importantes do que as relativas vantagens de custo advindas da baixa tributação, de gastos sociais menores ou de um setor público reduzido. Assim, as diferenças institucionais das economias modernas — como a intensidade com que favorecem a cooperação e a coordenação de longo prazo entre os agentes econômicos centrais — podem, em larga medida, explicar os padrões nacionais distintos de desempenho econômico. O sucesso dessa coordenação pressupõe a presença de instituições que tornem os agentes capazes de se engajarem e investirem em transações duradouras e confiáveis e, conforme defende o autor, o Estado de Bem-Estar Social cumpre o papel dessa instituição de suporte.

O autor alemão demonstra, ainda, que *os regimes de bem-estar social que conseguiram melhorar a competitividade são aqueles que estabeleceram um forte nexo entre produção e proteção, isto é, que tiveram êxito em integrar as organizações do capital e do trabalho no Estado e que conectaram o acesso aos benefícios previdenciários à relação de emprego. Tais regimes correspondem aos Estados de Bem-Estar Social da Europa continental, que dão suporte à coordenação econômica de longo prazo de vários modos, os quais são explicitados pelo autor. Ilustrativamente, um compromisso político com o pleno emprego permite que os sindicatos adotem uma estratégia de contenção salarial e, assim, aumentem a segurança no emprego e a duração das rendas, ao invés de lutarem por aumentos salariais imediatos, o que garante a competitividade dos produtos no mercado mundial.*

Desse modo, a competitividade dos Estados de Bem-Estar Social contemporâneos em uma economia internacionalizada depende, fundamentalmente, da sua organização institucional e do seu impacto no sistema produtivo nacional. Com efeito, quanto mais a vantagem comparativa de um modelo produtivo é baseada nas estruturas institucionais, menor é a possibilidade de as empresas deixarem o país.

Nos Estados de Bem-Estar Social continentais, o empresariado e os trabalhadores exercem, notadamente, um papel de condução, e não necessariamente de conflito, nos processos de reforma. Em geral, tais países vivenciaram poucas mudanças durante a década de 1990, uma vez que empregadores e sindicatos não apoiaram as tentativas de uma reforma profunda. Os países da Europa meridional, por sua vez, não apresentam tradicionalmente condições institucionais para o consenso corporativo e a coordenação econômica de longo prazo. As reformas em tais Estados foram mais intensas e seguiram um padrão de negociação tripartite (governo, empresariado e trabalhadores), na tentativa de imitar o modelo dos países da Europa central.

No sétimo capítulo (*O Estado de Bem-Estar Social nos Países Nórdicos*), o professor da Noruega, Stein Kuhnle, descreve o modelo de Estado de Bem-Estar Social nos países nórdicos, enumerando e analisando as suas características fundamentais.

Entre essas características, *destaca-se o papel dominante do Estado na formulação das políticas sociais e econômicas e a presença de um extenso setor público para a sua implementação. Ele salienta que esse Estado foi responsável pela grande evolução dos países escandinavos, que no início do século XX estavam entre os mais pobres da Europa e hoje são um exemplo para o mundo, pois conciliam uma economia altamente competitiva com justiça social e maior igualdade na distribuição de renda.*

Não obstante os desafios enfrentados nas últimas décadas, para o autor norueguês as estruturas desse modelo permanecem fortes e em vigor, contando com grande apoio do eleitorado, que não aceita os projetos políticos de inspiração neoliberal.

III — A primeira edição desta obra coletiva foi publicada em 2007, época em que os seus organizadores atuavam, academicamente, como Professor e Mestranda, respectivamente, no Mestrado em Direito do Trabalho da Pontifícia Universidade Católica de Minas Gerais, em Belo Horizonte-MG. A segunda edição da obra, publicada no início de 2018, corresponde à fase em que os mesmos organizadores da obra atuam, agora como Professores Titulares, no Mestrado em Direito das Relações Sociais e Trabalhistas do Centro Universitário do Distrito Federal (UDF), de Brasília-DF.

Trata-se de obra inicialmente imaginada no contexto dos debates travados, naquela época, no Mestrado em Direito do Trabalho da PUC-Minas, em que se examinavam as razões de formação, existência e continuidade da ordem jurídica trabalhista e as relações que esta tem com a sociedade macro-política-social-econômica-cultural, em particular com a síntese traduzida pelo *Welfare State*.

Curiosamente, dez anos depois, as mesmas preocupações e objetivos de pesquisa se mostram presentes no Mestrado em Direito das Relações Sociais e Trabalhistas do UDF, de Brasília, em que os organizadores do livro têm atuado como Professores Titulares.

O planejamento e elaboração do livro, há dez anos, conduziu, via bibliotecas e também internet, ao conhecimento de distintos autores internacionais. A percepção da necessidade de se viabilizar uma coletânea de textos relacionados ao tema, situados fora da matriz ultraliberalista, naquela época e ainda hoje hegemônica, é que inspirou a ideia da presente obra.

Naquele instante de planejamento e construção do livro, mostrou-se decisivo o contato com o Professor Stein Kuhnle, da Noruega. Sua disponibilidade e simpatia, acolhendo entusiasticamente a ideia e viabilizando o contato com outros autores europeus de semelhante orientação intelectual, propiciou, através da internet, a estruturação da presente obra.

Nessa linha, o livro, propositadamente, conta com um rico painel de notáveis autores europeus, de diferentes países em que o Estado de Bem-Estar Social arquitetou-se de maneira muito bem-sucedida. Essa integração internacional no plano das ideias, envolvendo pesquisadores e autores brasileiros e europeus em torno de tema de grande relevância não só para a comunidade acadêmica e jurídica como para o conjunto das pessoas em geral, especialmente de países como o Brasil, mostrou-se muito frutífera, propiciando real aprofundamento do estudo da matéria.

Os organizadores brasileiros têm muito a agradecer aos autores que colaboraram na presente obra, que se torna um marco na bibliografia trabalhista do Brasil.

É justo também ressaltar o insubstituível trabalho realizado pela então Mestranda e hoje Professora Universitária Titular, Lorena Vasconcelos Porto, não somente no incansável contato via internet com os autores europeus, ao lado da formatação da obra, além do magnífico trabalho de tradução dos originais em três línguas estrangeiras diferenciadas.

Os organizadores desta obra coletiva querem também agradecer à LTr Editora pela publicação do presente livro, não apenas em sua primeira edição, como também em sua presente segunda edição.

Brasília, dezembro de 2017.

Mauricio Godinho Delgado
Lorena Vasconcelos Porto

CAPÍTULO 1

A ATUALIDADE DO ESTADO DE BEM-ESTAR SOCIAL

MAURICIO GODINHO DELGADO[1]
LORENA VASCONCELOS PORTO[2]

Sumário: 1. Introdução. 2. O Estado de Bem-Estar Social (EBES): construção e desenvolvimento. 3. Democracia, trabalho e justiça social no EBES. 4. A crítica ultraliberalista ao EBES. 5. A atualidade do EBES no capitalismo contemporâneo. 6. Referências bibliográficas.

1. Introdução

O Estado de Bem-Estar Social (EBES), tido como uma das mais complexas, abrangentes e bem-sucedidas construções da civilização ocidental, teve

---

(1) Ministro do Tribunal Superior do Trabalho (TST) desde novembro de 2007, sendo Magistrado do Trabalho desde novembro de 1989. Professor Titular do Centro Universitário do Distrito Federal (UDF) e de seu *Mestrado em Direito das Relações Sociais e Trabalhistas*. Doutor em Filosofia do Direito pela UFMG (1994) e Mestre em Ciência Política pela UFMG (1980). É Professor Universitário desde 1978: UFMG (1978-2000); PUC-Minas (2000-2012); IESB (2008-2013); UDF (2014-atual.).

(2) Procuradora do Ministério Público do Trabalho. Doutora em Autonomia Individual e Autonomia Coletiva pela Universidade de Roma II. Mestre em Direito do Trabalho pela PUC-MG. Especialista em Direito do Trabalho e Previdência Social pela Universidade de Roma II. Professora Titular do Centro Universitário UDF e de seu *Mestrado em Direito das Relações Sociais e Trabalhistas*. Professora Convidada do Mestrado em Direito do Trabalho da Universidad Externado de Colombia, em Bogotá.

22   Capítulo 1

como berço, essencialmente, os países líderes do capitalismo na Europa, além de um importante papel cumprido pelos Estados Unidos da América (EUA) a partir da década de 1930.

Embora o seu desenvolvimento tenha se dado, fundamentalmente, no século XX, suas bases foram assentadas na segunda metade do século XIX, com a emergência na arena política e social das grandes massas de trabalhadores despossuídos de riqueza e poder naquelas sociedades.

Os EBES traduziram fórmulas privilegiadas de afirmação da liberdade, da igualdade, da democracia, do trabalho e do emprego, da justiça social e do bem-estar na usualmente desigual sociedade capitalista. Também se traduziram em fórmulas diferenciadas de desenvolvimento socioeconômico sustentável e avanço tecnológico no competitivo mercado econômico mundial.

Nas últimas décadas do século XX, entretanto, os EBES passaram a sofrer incisiva crítica à sua estruturação e funcionamento, acentuada pelo processo de construção de uma nova hegemonia política e cultural no período, de matriz ultraliberalista.

Não obstante, passados mais de trinta anos do início desse processo, percebe-se que tais críticas não foram capazes de desconstruir, nos principais países capitalistas, as bases e os princípios de estruturação e funcionamento do Estado de Bem-Estar Social.

Na verdade, o relativo distanciamento que já se pode ter hoje do período de combate mais grave ao EBES permite concluir não somente pela necessidade de preservação de suas conquistas civilizatórias, como até mesmo sua verdadeira funcionalidade para a melhor inserção dos respectivos países e economias no capitalismo globalizado.

2. Estado de Bem-Estar Social (EBES): construção e desenvolvimento

O Estado de Bem-Estar Social traduz uma das mais importantes conquistas da civilização ocidental. Agregando ideais de liberdade, igualdade, democracia, valorização da pessoa humana e do trabalho, justiça social e bem-estar das populações envolvidas, o EBES é certamente a mais completa, abrangente e profunda síntese dos grandes avanços experimentados pela história social, política e econômica nos últimos trezentos anos.

Sua história firma-se a partir de finais do século XIX, com a emergência das organizações sindicais e políticas dos trabalhadores no capitalismo ocidental, ao lado do começo das políticas sociais dos Estados (inicialmente previdenciárias e acidentárias do trabalho, além de especificamente trabalhistas). Este marco situa-se, no plano político-sindical, nos movimentos trabalhistas e socialistas estruturados na Grã-Bretanha, na França e na Alemanha, espraiando-se para outros países capitalistas mesmo ainda na segunda metade do século XIX. No plano político-institucional, situa-se na absorção gradativa pelas ordens jurídicas europeias de normas jurídicas trabalhistas, conferindo cidadania social, econômica e política aos trabalhadores, como indivíduos e como grupo social. Neste plano, a Conferência de Berlim, de 1890, envolvendo 14 Estados europeus, ao fixar uma série de normas trabalhistas a serem seguidas pelos respectivos Estados convenentes, teve importante papel na construção do EBES. Ainda no mesmo plano — embora, ironicamente, sob matriz autoritá-ria — surge o Governo Bismarck na Alemanha, que dá início a um programa público de previdência e assistência sociais.[3]

Não obstante seja comum firmar-se o início do EBES na gestão bismarckia-na, parece relevante reconhecer-se que a organização do movimento sindical e o início da estruturação do Direito do Trabalho são pontos cardeais neste processo de construção. Afinal, o EBES não se resume apenas a uma política pública (embora esta seja fundamental e distintiva), traduzindo também uma maneira de organização da sociedade civil, em que se dá prevalência às ideias de liberdade, igualdade, democracia, valorização da pessoa humana e valori-zação do trabalho, especialmente do emprego.

Sob o ponto de vista da liberdade, aliás, o EBES é de certo modo caudatário das revoluções dos séculos XVII e XVIII, à medida que estas firmaram como relevante a noção de liberdade na sociedade política. Mesmo sendo meramen-te liberais, individualistas e elitistas em sua matriz original, estas revoluções abriram caminho para a afirmação da ideia da liberdade e, assim, para sua posterior apropriação pelas grandes massas populacionais dos trabalhadores e pelos despossuídos de riqueza e poder na sociedade capitalista.

---

(3)   A doutrina costuma diferenciar dois modelos de Estado de Bem-Estar Social, a partir de suas características peculiares: o modelo bismarckiano e o beveridgeano. O primeiro, origi-nado das políticas sociais do chanceler alemão Bismarck, na segunda metade do século XIX, funda a proteção social no exercício de uma atividade profissional, vinculando as prestações da Seguridade Social às contribuições efetuadas. O segundo modelo, por sua vez, baseia-se nas ideias do burocrata inglês William Beveridge, implementadas, sobretudo, na década de 1940. Ele desvincula os benefícios da Seguridade Social do exercício profissional, baseando-a na cidadania e, assim, no universalismo, buscando assegurar a todos um mínimo vital. Para um maior aprofundamento acerca dessa distinção, consultar FARIA, Carlos Aurélio Pimenta de. Uma genealogia das teorias e tipologias do estado de bem-estar social. In: DELGADO, Mauri-cio Godinho; PORTO, Lorena Vasconcelos (org.). *O estado de bem-estar social no século XXI*. São Paulo: LTr, 2007. p. 31-86.

A propósito, essa apropriação popular da anterior ideia meramente liberalista de liberdade foi seguida pelo acoplamento, no mesmo processo histórico, da ideia matriz de *igualdade* — que se tornaria uma das marcas mais distintivas do futuro Estado de Bem-Estar Social.

Evidentemente que o fato de as bases do EBES estarem lançadas na segunda metade do século XIX — coincidindo, inclusive, com a formação do Direito do Trabalho e do futuro Direito da Seguridade Social — não implica desconhecer que efetivamente ele se estruturou, em sua maior complexidade, apenas na primeira metade do século XX, aprofundando-se e se generalizando após a Segunda Guerra Mundial.

Nas primeiras décadas do século XX, alguns novos fatores aceleraram a solidificação do EBES, sendo dois os mais notáveis. De um lado, o fato político da ameaça socialista, tornada bastante concreta com a Revolução Russa de 1917 e também, de certo modo, com o avanço dos partidos de fundo popular na Europa ocidental, sejam comunistas, socialistas ou meramente trabalhistas. De outro lado, o colapso da gestão ultraliberalista do Estado, acentuada com a crise de 1929 e a recessão e desemprego profundos vivenciados nos países ocidentais desenvolvidos (na Europa desde os anos 1920 e, nos EUA, a partir de 1929).

3. *Democracia, trabalho e justiça social no EBES*

O EBES sintetiza, em sua variada fórmula de gestão pública e social, a afirmação de valores, princípios e práticas hoje consideradas fundamentais: democracia, liberdade, igualdade, valorização do trabalho e do emprego, justiça social e bem-estar.

A ideia e prática da *democracia* pressupõem, obviamente, a ideia e prática da *liberdade*, estendendo esta a todos os segmentos sociais, ao invés de sua restrita abrangência às elites socioeconômicas e políticas (como formulado no liberalismo originário). Nesta medida, não se trata apenas da liberdade formal, mas da liberdade substancial, que supõe a agregação e prática da ideia de *igualdade*. Por esta razão, o advento da noção de democracia, característica da segunda metade do século XIX, coincide com a prática da afirmação do trabalho e do emprego, por meio das organizações sindicais de trabalhadores e dos partidos de formação popular.

O *primado do trabalho e do emprego* na sociedade capitalista começa a se estruturar nesta época, traduzindo a mais objetiva, direta e eficiente maneira de propiciar igualdade de oportunidades, de consecução de renda, de alcance de afirmação pessoal e de bem-estar para a grande maioria das populações na sociedade capitalista. Afirmar-se o trabalho e, particularmente, o empre-

O Estado de Bem-Estar Social no Século XXI

25

go, significa garantir-se poder a quem originalmente é destituído de riqueza; desse modo, consiste em fórmula eficaz de distribuição de renda e de poder na desigual sociedade capitalista.[4][5]

A ideia e a prática de *justiça social* constroem-se também neste contexto, aprofundando-se no século XX. O sistema capitalista, até então, havia sido capaz de produzir bens e riqueza como nunca na história humana, mas havia fracassado na estruturação de um sistema mais igualitário e justo para todos. O individualismo prevalecente no liberalismo originário passa a ser fustigado pelas ideias de intervenção da norma jurídica nos contratos privados, especialmente no mais genérico e importante deles, o contrato de emprego. A justiça social vai permeando não só a atuação do Estado, por intermédio de políticas públicas claramente garantidoras e/ou redistributivistas (as políticas previdenciárias e assistenciais são claro exemplo disso), como também as relações sociais, por meio principalmente do Direito do Trabalho, com seu caráter distributivo de renda e de poder.[6][7]

---

(4) A importância fundamental do trabalho e, sobretudo, do emprego, para o desenvolvimento econômico e a maior igualdade e justiça social pode ser demonstrada estatisticamente. Conforme revelam dados da Organização Internacional do Trabalho (OIT), os países mais desenvolvidos econômica e socialmente do mundo — e que adotam o Estado de Bem-Estar Social — são aqueles que possuem o maior percentual da população economicamente ativa (PEA) na condição de "empregados" e menor percentual nas categorias "empregadores e trabalhadores autônomos" e "trabalhadores familiares não remunerados". Basta confrontar, por exemplo, no que tange ao percentual de empregados na composição da PEA, os números da Noruega (92,5%), Suécia (90,4%), Dinamarca (91,2%), Alemanha (88,6%), Países Baixos (88,9%) e Reino Unido (87,2%), com aqueles presentes na Grécia (60,2%), Turquia (50,9%), Tailândia (40,5%), Bangladesh (12,6%) e Etiópia (8,2%). OIT. *La relación de trabajo* — Conferencia Internacional del Trabajo. 95ª Reunião. Genebra: OIT, 2006. p. 80-88.

(5) A centralidade e importância fundamental do emprego nos países desenvolvidos pode ser demonstrada, ainda, por uma pesquisa realizada pelo Global Entrepreneurship Monitor (GEM) em 2015, a partir de dados coletados entre 2012 e 2014 em cinco regiões do mundo: África Sub-Saariana, Oriente Médio e Norte da África, Sul e Sudeste da Ásia, América Latina e Caribe e países da Europa. Esse estudo demonstra que nos países periféricos, isto é, com economias pouco competitivas, ainda regradas por produção de bens básicos e *commodities*, baixa qualificação profissional e baixos salários, há maior "empreendedorismo" entre os jovens (52%). Nos países desenvolvidos, por sua vez, com economias mais estáveis, alta tecnologia, bons salários e indicadores de eficiência e inovação, os jovens optam invariavelmente pelo contrato de emprego, isto é, optam por serem contratados por uma empresa na qual possam desenvolver uma carreira profissional. Com efeito, apenas 19% dos jovens europeus pensam em abrir um negócio próprio e somente 8% estão engajados em alguma atividade empreendedora. Disponível em: <http://www.abrhbrasil.org.br/cms/materias/noticias/jovens-de-paises-menos-desenvolvidos-sao-mais-empreendedores-segundo-estudo/>. Acesso em: 22 set. 2017.

(6) Consultar a esse respeito a excelente obra de MAIOR, Jorge Luiz Souto. *O direito do trabalho como instrumento de justiça social*. São Paulo: LTr, 2000. Consultar também DELGADO, Mauricio Godinho. *Capitalismo, trabalho e emprego* — entre o paradigma da destruição e os caminhos de reconstrução. 3. ed. São Paulo: LTr, 2017.

(7) Naturalmente que as noções de igualdade, bem-estar e justiça social não abrangem apenas o mundo do trabalho, mediante a sua fórmula mais sofisticada e protegida — o emprego —, a

Neste quadro de construção civilizatória, a noção de *bem-estar* dos indivíduos e da comunidade mais ampla passa a constituir relevante direito individual e social, a ser garantido não somente pelo Estado, como também pelo funcionamento das relações sociais, em especial as de cunho trabalhista.

O que é curioso no EBES, em suas diversas formulações concretas, é que ele se mostrou plenamente compatível com as necessidades estritamente econômicas do sistema capitalista. Muito além disso, ele se mostrou funcional ao desenvolvimento econômico mais sólido, duradouro e criativo desse sistema. Gerando um mercado interno forte para as respectivas economias (que se mostra também poderoso consumidor para o mercado mundial), valorizando a pessoa física do trabalhador e seu emprego, e com isso dando melhores condições para a criação e avanços tecnológicos, assegurando maior coesão e estabilidade sociais, o EBES torna os respectivos países e economias melhor preparados para enfrentar o assédio das pressões internacionais e para conquistar os mercados mundiais. Com efeito, conforme demonstrado pelo autor norueguês Stein Kuhnle, em artigo presente nesta obra:

> As amplas políticas sociais têm sido vistas como um modo de se proteger os mercados de trabalho internos e os cidadãos do risco da exposição a uma economia internacional volátil. Essas políticas têm sido encaradas também como um meio de incrementar o "capital humano" — fortalecendo, assim, as forças produtivas — e de contribuir para a estabilidade social e econômica, estimulando o investimento externo e o crescimento econômico. Isso é demonstrado pelo exemplo dos países escandinavos.[8]

4. A crítica ultraliberalista ao EBES

A partir da crise econômica de 1973/1974 (primeiro choque do petróleo), aprofundada em 1978/1979 (segundo choque do petróleo), ganhou força no ocidente a matriz ultraliberalista de crítica ao Estado de Bem-Estar Social.

Considerada a crise fiscal do Estado da época (menor arrecadação tributária em face da crise econômica; elevação da dívida pública em razão do aumento dos juros; pauta de gastos públicos tida como excessiva), conjugada com o recrudescimento do desemprego e a acentuação da concorrência internacional, passou-se a sustentar a inviabilidade do EBES na nova fase vivenciada pelo capitalismo. A este quadro negativo, somavam-se outros fatores, aparen-

---

par da ideia de seguridade social. Tais noções, necessariamente, passam a invadir também as esferas da educação, da saúde, da moradia, do transporte e, até mesmo, da cultura e do lazer.
(8) Vide KUHNLE, Stein. A globalização e o desenvolvimento das políticas sociais. In: *O estado de bem-estar social no século XXI*, cit., p. 87-102.

temente na mesma direção: a terceira revolução tecnológica, supostamente desagregadora e desvalorizadora do emprego e do trabalho, e o surgimento de novas modalidades de gestão empresarial.[9]

Neste contexto, ganhou hegemonia a fórmula ultraliberalista de interpretação da realidade do capitalismo dessa época: em um quadro de acentuadas mudanças tecnológicas e de gestão de empresas, tendentes a eclipsar o emprego e mesmo o trabalho, e de agravamento da concorrência internacional, teria se tornado irracional — porque inadequado — um tipo de estruturação do Estado e da sociedade baseado na valorização do trabalho e do emprego, na concessão de políticas sociais e assistenciais universais e generosas, na distribuição do poder e da riqueza por meio de políticas de intervenção estatal.

O Estado de Bem-Estar Social teria se tornado, em síntese, um paradigma obsoleto, datado, incapaz de enfrentar os desafios da nova economia capitalista globalizada.

Na esteira da nova hegemonia ultraliberalista, distintas propostas de desestruturação do EBES foram apresentadas nas últimas décadas. Desde o ideário bastante radical dos maiores líderes políticos desta corrente nos anos de 1980, Margareth Thatcher e Ronald Reagan, até as regressões curiosamente assumidas por lideranças formalmente social-democratas no plano europeu nos anos de 1970/1980, principalmente (por exemplo, Felipe González, na Espanha).

Tais propostas mantiveram-se firmes, enfáticas e até agressivas, notadamente no plano discursivo e político-institucional, *mas não alcançaram efeitos profundos no plano concreto dos principais países europeus envolvidos*[10]. No contexto dos países que melhor haviam estruturado Estados de Bem-Estar Social (por exemplo, todos os países nórdicos, a Alemanha, a França, os Países Baixos e mesmo a Grã-Bretanha), as mudanças realizadas não foram capazes de desconstruir o padrão civilizatório alcançado com o EBES; algumas adequações tópicas ocorreram, é claro, porém sem capacidade de modificar as bases e os princípios estruturais do *Welfare State*.

No caso específico dos países escandinavos, Stein Kuhnle demonstra que, não obstante os desafios enfrentados nos últimos anos, *"as instituições e os programas dos Estados de Bem-Estar Social nórdicos têm permanecido quase intactos"*.

---

(9) Para uma análise crítica dos argumentos comumente utilizados pelos ultraliberais e a demonstração da atualidade e da importância do trabalho e do emprego no capitalismo atual, remetemos à leitura da seguinte obra: DELGADO, Mauricio Godinho. *Capitalismo, trabalho e emprego* — entre o paradigma da destruição e os caminhos de reconstrução. 2. ed. São Paulo: LTr, 2015.

(10) Consultar, a respeito, os estudos lançados na seguinte obra: DELGADO, Mauricio Godinho; PORTO, Lorena Vasconcelos (org.). *O estado de bem-estar social no século XXI*. São Paulo: LTr, 2007.

28   Capítulo 1

Nesse sentido, o autor destaca os amplos compromissos políticos firmados nesses países e o forte apoio do eleitorado.[11]

No mesmo sentido são as conclusões do autor francês François Xavier Merrien, que, após cuidadosa análise das reformas empreendidas nos últimos tempos pelos diversos Estados de Bem-Estar Social, conclui que "*mesmo quando existem reorientações, revisões ou adaptações dos sistemas de seguridade social, parece que — salvo no caso de alguns países pouco numerosos, que optaram pela via neoliberal — a maioria dos governos se esforça para manter o coração do seu Estado Social*".[12]

Importa observar que grande parte dos desafios enfrentados pelos Estados de Bem-Estar Social europeus é de ordem interna (por exemplo, as questões demográficas), não estando, assim, relacionados às pressões externas. Ao analisar tais desafios, o autor italiano Maurizio Ferrera propõe o conceito de *recalibragem* do Estado de Bem-Estar Social, mantendo a "*missão ideal e a estrutura geral desse patrimônio institucional*", mas com "*revisões e atualizações*", deslocando "*os pesos — a atenção institucional, os recursos financeiros, o acento ideal — de algumas funções a outras, de algumas categorias a outras, de alguns valores a outros*".[13]

Entre esses esforços de adaptação, destaca-se uma espécie de incorporação recíproca de características por parte dos modelos de Estado de Bem-Estar Social "bismarckiano" e "beverigdeano", conforme revela François Xavier Merrien.[14] Com efeito, enquanto os países do primeiro modelo vêm adotando medidas sociais de caráter universal, estendendo-as além do mundo do trabalho, o que é uma característica tradicional dos EBES "beverigdeanos", estes, por sua vez, vêm acentuando a dimensão contributiva em seus sistemas de Seguridade Social, o que historicamente é a marca registrada do modelo "bismarckiano".

Outro esforço de adaptação diz respeito às questões demográficas, algumas produtos exatamente das próprias conquistas do EBES. Nesta linha, a maior longevidade das populações tem levado as respectivas ordens jurídicas a realizarem adequações no sistema de Seguridade Social, de modo a compatibilizar os ganhos etários alcançados com os custos de preservação do sistema em seu conjunto. Desse modo, a gradativa elevação da idade mínima para aposentadorias não traduz uma suposta vitória ultraliberalista sobre o Estado

---

(11) Vide KUHNLE, Stein. O estado de bem-estar social nos países nórdicos. In: *O estado de bem-estar social no século XXI,* cit., p. 194-200.

(12) Conferir XAVIER-MERRIEN, François. O novo regime econômico internacional e o futuro dos estados de bem-estar social. In: *O estado de bem-estar social no século XXI,* cit., p. 119-159.

(13) Conferir FERRERA, Maurizio. Recalibrar o modelo social europeu: acelerar as reformas, melhorar a coordenação. In: *O estado de bem-estar social no século XXI,* cit., p. 103-118.

(14) Conferir XAVIER-MERRIEN, François. O novo regime econômico internacional e o futuro dos estados de bem-estar social. In: *O estado de bem-estar social no século XXI,* cit., p. 119-159.

de Bem-Estar Social, mas uma recalibragem necessária deste aos positivos efeitos de seu próprio sucesso.

Não obstante sua incapacidade de desconstruir os EBES mais bem estruturados, as propostas enfáticas e mais radicais ultraliberalistas tiveram grande influência, sim, nos organismos internacionais e multilaterais de gestão do capitalismo (BIS, FMI, Banco Mundial, BID, BIRD, GATT/OMC etc.). Impactaram também fortemente os círculos universitários e as burocracias estatais, especialmente nos países periféricos ao capitalismo central, em particular da América Latina.[15] Neste contexto, curiosamente, os países que de modo mais ortodoxo se submeteram à crítica e às propostas ultraliberalistas foram os que sequer haviam construído efetivos Estados de Bem-Estar Social — caso típico dos latino-americanos Argentina, Brasil, Chile e México nos anos de 1980 e 1990.[16]

5. A atualidade do EBES no capitalismo contemporâneo

A despeito da crítica e propostas ultraliberalistas e de seu prestígio na presente fase hegemônica, a história recente do capitalismo demonstra que o

---

(15)   Rico painel sobre a conquista hegemônica ultraliberal no seio do pensamento econômico brasileiro, quer no âmbito das burocracias estatais, quer no âmbito das universidades, encontra-se na seguinte obra: LOUREIRO, Maria Rita. *Os economistas no governo:* gestão econômica e democracia. Rio de Janeiro: Fundação Getúlio Vargas, 1997. A este respeito consultar também DELGADO, Mauricio Godinho. *Capitalismo, trabalho e emprego* — entre o paradigma da destruição e os caminhos de reconstrução. 2. ed. São Paulo: LTr, 2015.

(16)   O fato de ter seguido ortodoxamente a cartilha ultraliberal conduziu a Argentina, como é notório, à desastrosa crise econômica, política e social, que teve seu apogeu em 2001. Os seguintes dados são bastante ilustrativos: em março de 1980, 5% da população argentina estava abaixo da linha de pobreza, de acordo com o Índice de Desenvolvimento Humano (IDH), da Organização das Nações Unidas (ONU), percentual este que, em 2000, se elevou para mais de 50%; o desemprego em 2002 chegou a 25% e a criminalidade aumentou 290% em 10 anos. DELGADO, Mauricio Godinho. *Capitalismo, trabalho e emprego:* entre o paradigma da destruição e os caminhos da reconstrução, cit., p. 62-63. Depois do auge da crise, no final de 2001, a Argentina passou a adotar políticas radicalmente diversas da ortodoxia ultraliberal, marcadas pelo intervencionismo estatal — como o controle do câmbio, dos juros e do mercado financeiro — o que produziu resultados muito positivos, com o crescimento econômico daquele país. Outro país latino-americano que seguiu ortodoxamente a cartilha ultraliberal, com resultados desastrosos, foi Chile, que, ilustrativamente, privatizou 100% do seu regime de aposentadoria pública. Como consequência, atualmente, mais de 90% dos aposentados naquele país recebem menos do que meio salário mínimo chileno, equivalente a R$ 730,00. Segundo dados da Organização para a Cooperação e Desenvolvimento Econômico (OCDE), o Chile é o país com o menor índice de reposição líquida no mundo — 38% do que a pessoa recebia antes de se aposentar, enquanto a média dos países da OCDE é de 52% e, no Brasil, de 76%. Face ao grande aumento de protestos no país, o atual governo de Michelle Bachelet passou a considerar a necessidade de realização de uma reforma, com a reestatização do sistema. Disponível em: <http://aprevidenciaenossa. com.br/um-modelo-que-nao-deu-certo>. Acesso em: 4 jun. 2017.

CAPÍTULO 1

grau de sucesso de inserção das economias no mundo globalizado tende a ser diretamente proporcional a seu distanciamento do ideário ultraliberal.

Nesta linha, os países que preservaram seus EBES na Europa ocidental têm se mostrado extremamente competitivos e dinâmicos no enfrentamento da economia globalizada. Trata-se de economias razoavelmente abertas, com forte inserção internacional (altas taxas de importação e de exportação, alto grau de intercâmbio empresarial externo e interno) e notável capacidade de desenvolvimento tecnológico. Tudo isso alcançado com a reprodução dos mais pujantes indicadores de bem-estar social.[17] Não por acaso, os países nórdicos encontram-se entre os 10 (dez) países mais felizes do mundo, conforme dados da Organização das Nações Unidas (ONU)[18].

Nesse sentido, o autor alemão Philip Manow demonstra claramente que os programas de bem-estar social generosos podem aumentar — e não diminuir — a competitividade internacional, constituindo, assim, uma *"vantagem institucional comparativa"* para a economia, e não desvantagem comparativa em termos de custos. O autor destaca que o EBES desempenha um papel econômico fundamental, ao propiciar a cooperação e a coordenação de longo prazo entre os atores centrais da economia nacional (empresas; trabalhadores e sindicatos; Estado).[19]

Por outro lado, países e economias que não têm traço relevante de estruturação de efetivos Estado de Bem-Estar Social, como os asiáticos recém-egressos na economia mundializada (China, Índia e Coreia do Sul, por exemplo), têm tido em comum a característica de rejeitarem, firmemente, as propostas de estruturação ultraliberalista de suas economias e políticas públicas. Ilustrativamente, realizam explícitas intervenções estatais, quer no câmbio, quer no incentivo a setores produtivos, quer na propagação do crédito, quer no controle do mercado financeiro, inclusive das taxas de juros, quer na participação do capital estrangeiro (especialmente o financeiro-especulativo) no âmbito interno de suas economias. Evidentemente que não constituem Estados de Bem-Estar

---

(17) Registre-se que a política monetária ortodoxa seguida pelo antigo Banco Central da Alemanha e, subsequentemente, pelo Banco Central Europeu — até, pelo menos, a crise de 2008 e anos seguintes — limitou, sumamente, o potencial de crescimento das grandes economias da região e seu consequente potencial de geração de empregos. Contudo, mesmo este traço importante da hegemonia ultraliberalista na região é incapaz de, no conjunto, fazer soçobrar os EBES ali instalados. A respeito, consultar DELGADO, Mauricio Godinho. *Capitalismo, trabalho e emprego:* entre o paradigma da destruição e os caminhos da reconstrução. 3. ed. São Paulo: LTr, 2017, e também MODIGLIANI, Franco. *Aventuras de um economista.* São Paulo: Fundamento, 2003.

(18) Disponível em: <http://veja.abril.com.br/mundo/onu-aponta-os-paises-mais-felizes-do-mundo-em-2017>. Acesso em: 4 jun. 2017.

(19) Conferir MANOW, Philip. As vantagens institucionais comparativas dos regimes de estado de bem-estar social e as novas coalizões na sua reforma. In: *O estado de bem-estar social no século XXI*, cit., p. 160-193.

Social (embora adotando o forte intervencionismo estatal que caracteriza as políticas públicas nos EBES); entretanto, estão muito mais distantes ainda do ideário ultraliberalista crítico aos *Welfare States*.

Em sociedades e economias relativamente desenvolvidas e diversificadas como algumas latino-americanas (Argentina, Brasil e México, em especial), dotadas de grande território e significativa população, com um processo de desenvolvimento já relativamente integrado às características capitalistas atuais, parece claro que o processo de desenvolvimento econômico-social — desenvolvimento sustentável, evidentemente — deve se fazer combinando os ganhos de escala propiciados pelo intervencionismo estatal típico dos EBES.

Somente um Estado de Bem-Estar Social, adequado às peculiaridades latino-americanas e brasileiras em particular, será capaz de tomar as medidas eficazes assecuratórias de um significativo desenvolvimento econômico do tipo sustentável, harmonizado com a simultânea construção de igualdade, justiça e bem-estar sociais. O perfil intervencionista do EBES torna naturais políticas públicas imprescindíveis ao desenvolvimento econômico, como, a título ilustrativo, gestão racional do câmbio, gestão racional do crédito e seus juros, políticas interventivas de estímulo a distintos segmentos empresariais, incremento do investimento público e do investimento privado na economia, priorização dos nichos econômicos estratégicos (energia, saneamento básico, transporte etc.) e dos nichos sociais estratégicos (saúde, educação, emprego etc.), a par de outras medidas convergentes.

Nesse mesmo contexto, evidentemente que cabe se aperfeiçoar o sistema tributário do País, de maneira a permitir o alcance de um dos fundamentais pressupostos para a estruturação e mantença de um EBES na realidade brasileira: a "disponibilidade de um excedente econômico passível de realocação social", tal como bem exposto pelo Capítulo II do presente livro coletivo. Ou seja, um sistema tributário realmente progressivo, sem os múltiplos artifícios propiciadores da não tributação da renda e da riqueza que tanto demarcam as distorções normativas brasileiras, torna-se pressuposto essencial para esse caminho civilizatório na economia e sociedade pátrias.

O mesmo perfil intervencionista inerente aos EBES torna natural a adoção simultânea no País de políticas sociais distributivas de riqueza e/ou renda, em diversas dimensões. Ilustrativamente: a universalização dos sistemas de educação, de saúde e de seguridade social; a elevação contínua do salário mínimo; a generalização do Direito do Trabalho na economia e na sociedade; a adoção de medidas econômico-sociais de agregação direta de renda; o combate às práticas discriminatórias, ao lado da adoção de políticas positivas de inclusão social; o cumprimento de estratégias interventivas de ampliação de oportunidades no sistema econômico, social e cultural; a consecução de medidas eficazes de incremento do emprego na economia e na sociedade.

6. Referências bibliográficas

DELGADO, Mauricio Godinho. *Capitalismo, trabalho e emprego* — entre o paradigma da destruição e os caminhos de reconstrução. 2. ed. São Paulo: LTr, 2015 (também, 3. ed. 2017).

FARIA, Carlos Aurélio Pimenta de. Uma genealogia das teorias e tipologias do estado de bem-estar social. In: DELGADO, Mauricio Godinho; PORTO, Lorena Vasconcelos (orgs.). *O estado de bem-estar social no século XXI*. São Paulo: LTr, 2007.

FERRERA, Maurizio. FERRERA, Maurizio. Recalibrar o modelo social europeu: acelerar as reformas, melhorar a coordenação. In: DELGADO, Mauricio Godinho; PORTO, Lorena Vasconcelos (orgs.). *O estado de bem-estar social no século XXI*. São Paulo: LTr, 2007.

KUHNLE, Stein. A globalização e o desenvolvimento das políticas sociais. In: DELGADO, Mauricio Godinho; PORTO Lorena Vasconcelos (orgs.). *O estado de bem--estar social no século XXI*. São Paulo: LTr, 2007.

_____ . O estado de bem-estar social nos países nórdicos. In: DELGADO, Mauricio Godinho; PORTO, Lorena Vasconcelos (orgs.). *O estado de bem-estar social no século XXI*. São Paulo: LTr, 2007.

LOUREIRO, Maria Rita. *Os economistas no governo:* gestão econômica e democracia. Rio de Janeiro: Getúlio Vargas, 1997.

MAIOR, Jorge Luiz Souto. *O direito do trabalho como instrumento de justiça social.* São Paulo: LTr, 2000.

MANOW, Philip. As vantagens institucionais comparativas dos regimes de estado de bem-estar social e as novas coalizões na sua reforma. In: DELGADO, Mauricio Godinho; PORTO, Lorena Vasconcelos (orgs.). *O estado de bem-estar social no século XXI*. São Paulo: LTr, 2007.

MERRIEN, François Xavier. O novo regime econômico internacional e o futuro dos Estados de Bem-Estar Social. In: DELGADO, Mauricio Godinho; PORTO, Lorena Vasconcelos (orgs.). *O estado de bem-estar social no século XXI*. São Paulo: LTr, 2007.

MODIGLIANI, Franco. *Aventuras de um economista.* São Paulo: Fundamento, 2003.

OIT. *La relación de trabajo* — *Conferencia Internacional del Trabajo*, 95ª Reunião, Genebra: OIT, 2006.

Capítulo 2

Uma Genealogia das Teorias e Tipologias do Estado de Bem-Estar Social

Carlos Aurélio Pimenta de Faria[1]

Sumário: 1. Introdução. 2. As teorias sobre as origens, a expansão e a crise do Estado de Bem-Estar Social. 3. Tipologias do Estado de Bem--Estar e Regimes de Políticas Sociais. 3.1. O modelo bismarckiano de Estado de Bem-Estar Social. 3.2. O modelo beveridgeano de Estado de Bem-Estar Social. 3.3. Richard Titmuss e sua precursora tipologia do **Welfare State** *e das políticas sociais. 3.4. Redimindo as tricotomias: os três mundos do bem-estar capitalista de Esping-Andersen. 4. Um olhar de gênero sobre o* **Welfare State:** *a mudança de paradigma ensejada pela crítica feminista. 5. Referências bibliográficas.*

1. Introdução

É possível afirmar que as investigações acadêmicas sistemáticas sobre o Estado de Bem-Estar Social, a exemplo da coruja de Minerva, apenas ganharam fôlego quando a expansão do *Welfare State* começou a perder dinamismo.

---

(1) Mestre e Doutor em Ciência Política pelo IUPERJ (RJ) e Professor do Programa de Pós-Graduação em Ciências Sociais da PUC-Minas.

O presente ensaio[2], que reconstrói parte desta trajetória, tem os seguintes propósitos: a primeira seção visa analisar criticamente o desenvolvimento das diferentes teorias que têm sido empregadas para explicar as origens, a expansão e a crise do *Welfare State*; a segunda seção apresenta e discute as tentativas mais influentes de formulação de tipologias do Estado de Bem-Estar Social (a elaboração das várias tipologias é apresentada em uma perspectiva histórica. Em certo sentido, trata-se de uma elaboração circular, pois a proposição pioneira de Richard Titmuss, que definia três tipos-ideais, foi posteriormente reduzida à dicotomia *Welfare State* residual *versus* institucional, até que Gösta Esping-Andersen viesse "redimir" as tricotomias.) A terceira e última seção discute por que se pode considerar a crítica feminista às análises *mainstream* do Estado de Bem-Estar Social como uma mudança de paradigma e analisa como e por que o diálogo entre essas perspectivas tem se efetivado. O ensaio conclui sugerindo a importância não só de um aprofundamento do diálogo entre os analistas *mainstream* e as feministas, mas também de uma aproximação entre os pesquisadores que têm investido na elaboração de tipologias e aqueles que têm procurado compreender as estratégias adotadas no processo de retração do Estado de Bem-Estar Social e o seu impacto efetivo.

2. As teorias sobre as origens, a expansão e a crise do Estado de Bem-Estar Social

Uma definição básica do Estado de Bem-Estar Social, que parte da análise de Marshall sobre os três elementos constitutivos da cidadania moderna, foi apresentada por Harold Wilensky em um livro que se tornou referência para uma das primeiras teorizações acerca da expansão do *Welfare State*. Segundo Wilensky, a "essência do Estado de Bem-Estar Social reside na proteção oferecida pelo governo na forma de padrões mínimos de renda, alimentação, saúde, habitação e educação, assegurados a todos os cidadãos como um direito político, não como caridade" (WILENSKY, 1975, p. 1). Em outras palavras, o Estado de Bem-Estar Social seria a institucionalização dos direitos sociais, o terceiro elemento da cidadania na concepção de Marshall[3].

---

(2) Este ensaio foi originalmente publicado na *Revista Brasileira de Informação Bibliográfica em Ciências Sociais (BIB)*, n. 46, p. 38-71, 1998, sendo uma versão ligeiramente modificada do primeiro capítulo de minha tese de doutorado, defendida no IUPERJ em dezembro de 1997, cujo título é *Regulating the Family and Domesticating the State. The Swedish Family Policy Experience*. A tradução do inglês para o português foi feita por Vera Pereira. Agradeço os comentários e sugestões dos Profs. Luiz Eduardo Soares, orientador do trabalho, e Stefan Svallfors, coorientador, bem como o apoio do CNPq, do qual fui bolsista junto à Universidade de Umeå, Suécia. Desnecessário dizer que sou o único responsável pelos equívocos eventuais.

(3) Em um estudo que inaugurou o campo das pesquisas comparativas sobre a maneira ambivalente como se estruturam as relações entre as mulheres e o Estado, Mary Ruggie adotou

Em sua investigação empírica, no entanto, a ênfase atribuída por Wilensky ao gasto social fez dessa variável um instrumento privilegiado para a compreensão da expansão do Estado de Bem-Estar Social, cuja principal função seria garantir um nível mínimo de participação do indivíduo na riqueza coletiva.

Pode-se questionar, porém, se Wilensky realmente chegou a capturar a "essência" do *Welfare State* em sua conhecida definição, a qual tem sido frequentemente criticada, por exemplo, por não incluir os programas de pleno emprego no núcleo do conceito (ver MISHRA, 1990; OLSSON, 1993b).

A definição de Wilensky talvez seja problemática por não explicitar a existência de dois padrões distintos, ainda que complementares, de provisão estatal de bem-estar. A ambiguidade se desfaz quando lembramos de dois conceitos subjacentes: seguridade social e serviços sociais estatais[4]. Na opinião de Olsson, a dualidade do conceito de **Welfare State** levou a uma "ambivalência sobre onde pôr a ênfase: ou no primeiro aspecto, isto é, no componente (re)distributivo, nos objetivos de bem-estar e em seus impactos, ou no segundo, isto é, no aspecto institucional, no *input*, na implementação e no *output*, no **Estado**" (1993a: 15). Em outras palavras, é preciso ter cautela ao empregar os termos "política social" e "*Welfare State*" como sinônimos. O uso intercambiável desses termos negligencia o fato de que "política social" é "um conceito genérico, ao passo que "*Welfare State*" tem uma conotação histórica (pós-guerra) e de política pública ("institucional") muito específica, que não pode ser ignorada" (MISHRA, 1990, p. 123).

Há uma grande controvérsia nas ciências sociais a respeito das razões que levaram o Estado de Bem-Estar Social a se expandir depois da Segunda Guerra Mundial, subvertendo o ideal de um Estado mínimo, o "vigia noturno" dos liberais, e passando a assumir uma parte da coordenação da economia e da distribuição dos recursos por intermédio de políticas públicas[5]. Antes

---

a seguinte definição de *welfare state*, a qual corrobora a essência da definição de Wilensky: "há uma concordância essencial no sentido de que [o *welfare state*] envolve 'algum nível de comprometimento do Estado que modifica o jogo das forças de mercado', numa tentativa de se alcançar um maior grau de igualdade social" (RUGGIE, 1984, p. 11).

(4)   Cabe notar, porém, que, já na década de 1950, Richard Titmuss insistia em que os benefícios e serviços públicos não são a única forma de compromisso institucionalizado com o bem-estar humano. Outras formas são as políticas fiscais (abatimentos ou deduções fiscais), a assistência ocupacional e a privada (assistência voluntária, instituições de caridade, ajuda mútua) (*apud* OLSSON, 1993a).

(5)   Peter Baldwin resume com argúcia e humor essa controvérsia: "O Estado de Bem-Estar Social tem sido considerado como um projeto intencional das elites para manter sob controle um proletariado potencialmente rebelde, como uma vitória dos operários sobre a burguesia na transição pacífica para o socialismo, como um ingrediente necessário da sociedade industrial, qualquer que seja sua orientação política, como um retorno às normas de reciprocidade e moralidade da era pré-industrial, talvez mesmo pré-histórica, como fruto da imaginação de

que possamos discutir as diversas teorias que têm sido usadas para explicar o desenvolvimento do Estado de Bem-Estar Social e sua crise, é preciso sublinhar que todas elas procuram, explícita ou implicitamente, equacionar pelo menos três elementos essenciais: 1) a disponibilidade de algum excedente econômico passível de ser realocado; 2) se o desenvolvimento econômico sem precedentes do pós-guerra, que se prolongou até a crise do petróleo dos anos 1970, proporcionou os **meios** para a expansão do Estado de Bem-Estar, o keynesianismo forneceu sua **lógica**, ao passo que 3) a experiência de centralização governamental durante o esforço de guerra significou o crescimento da capacidade administrativa do Estado, a qual, posteriormente, seria empregada para conduzir a expansão do *Welfare State* (QUADAGNO, 1987).

A ênfase conferida por Wilensky ao gasto social do Estado constitui a espinha dorsal da teoria da expansão do Estado de Bem-Estar Social denominada da "lógica da industrialização" ou "teoria da convergência". Segundo os principais postulados dessa teoria, o Estado teria assumido a função de garantir determinados padrões mínimos de vida porque instituições sociais tradicionais, como a família, haviam perdido a capacidade de suprir as necessidades dos indivíduos mais vulneráveis. Argumenta-se, ainda, que todas as nações industrializadas, independentemente de suas especificidades históricas, políticas e culturais, teriam convergido para determinados aspectos básicos, acompanhando um processo evolutivo guiado pelo impacto do desenvolvimento econômico e tecnológico sobre a estrutura ocupacional. O processo de industrialização teria criado novas demandas de gasto público, uma vez que a família não podia mais exercer suas funções tradicionais e o novo processo produtivo provocara a marginalização de determinados grupos de indivíduos. O Estado teria respondido de modo quase automático à emergência dessas novas demandas.

É premissa dessa teoria que o processo de expansão contínua do *Welfare State* baseou-se na crença implícita de que a ação redistributiva do Estado harmonizava-se com o crescimento econômico, que seria indispensável para que o Estado pudesse exercer suas novas funções. Porém, somente nos países em que a economia, as burocracias públicas e o sistema político tivessem alcançado um dado nível de desenvolvimento haveria condições de se proporcionar determinados benefícios e serviços públicos. Em outras palavras, a prosperidade do pós-guerra teria amenizado as contradições entre democracia política e capitalismo.

A teoria da "lógica da industrialização" concebe as políticas sociais simultaneamente como requisito e como consequência da economia e da tecnologia

---

administrações neutras em busca de soluções para problemas sociais de natureza técnica, como produto da luta de classes e da harmonia e consenso social" (BALDWIN, 1990, p. 37).

industriais. Entende tanto a estrutura das sociedades modernas quanto o formato das políticas sociais como determinados primordialmente pela tecnologia, não pela ideologia, pelo conflito social ou pela cultura (COIMBRA, 1987, p. 95-96).

Se o argumento básico da "lógica da industrialização", que associa a expansão do Estado de Bem-Estar Social aos processos de desenvolvimento econômico e tecnológico, conseguiu explicar a diferença entre os padrões de política social estabelecidos nos países industrializados e aqueles vigentes nos chamados países do Terceiro Mundo, essa abordagem está longe de proporcionar uma explicação satisfatória dos padrões divergentes observados **entre** os países desenvolvidos (PIERSON, 1996, p. 148). Análises essencialmente quantitativas do gasto social, como a de Wilensky, transformaram essa heterogeneidade em um quadro unidimensional a apontar diferentes níveis de gasto público.

É importante lembrar, porém, que embora Wilensky, em seu trabalho de 1975, no qual compara a evolução do gasto social em 64 países, tenha concluído que era fraca a correlação do sistema político com as dimensões do Estado de Bem-Estar Social e que o crescimento econômico e seus "subprodutos" (mudança demográfica e burocratização) eram "a causa fundamental da generalização do *Welfare State*" (p. XIII), em um estudo anterior, ele havia formulado uma análise diferente acerca da maneira como diversos países haviam desenvolvido seus sistemas de bem-estar.

Nesse estudo de 1958, Wilensky e Lebeaux tentaram explicar os diferentes níveis de gasto social e os tipos de organização administrativa de 22 países desenvolvidos. Na opinião desses autores, se o surgimento dos programas sociais podia ser explicado pelo processo de industrialização, sua expansão associava-se fortemente às peculiaridades da cultura nacional. Entretanto, Wilensky rejeitaria posteriormente essa interpretação, afirmando que as diversas soluções nacionais para os problemas comuns engendrados pelo processo de industrialização deveriam ser explicadas por variáveis **estruturais** mais do que pelas **culturais**. As principais variáveis estruturais analisadas em seu trabalho de 1975 foram a mudança demográfica (principalmente o envelhecimento da população, o fator de maior influência no nível do gasto social) e o tempo de existência do aparato público de assistência social.[6]

Phillips Cutright, em um trabalho de 1965, chegara a conclusões semelhantes. Tomando o nível de consumo de energia como padrão de medida do desenvolvimento econômico, Cutright mostrou que quanto mais alto o consu-

---

(6) Por esse motivo, pode-se sugerir que Wilensky, a despeito de ser um dos mais influentes defensores da "lógica da industrialização", antecipa o argumento "neoinstitucionalista", que será discutido adiante.

38   Capítulo 2

mo de energia em um país, mais ampla era a cobertura da seguridade social e mais elevados os níveis dos benefícios proporcionados. As variáveis políticas foram desconsideradas, pois seu impacto observado sobre os programas de seguridade social era modesto.

A perspectiva da "lógica da industrialização", assim, interpreta as políticas sociais como refletindo, essencialmente, fatores como o nível de desenvolvimento econômico e a estrutura demográfica da população. O argumento pode ser expresso em poucas palavras: do ponto de vista da provisão de benefícios e serviços públicos de bem-estar, os teóricos da convergência declaram que "a política não faz diferença".

Castles e Mckinlay (1979), porém, mostraram que a "lógica da industrialização" fundamenta-se em "pressupostos falsos e em provas empíricas insuficientes" e que uma metodologia equivocada teria induzido a erro autores como Wilensky e Cutright. Como seus estudos se baseavam em amostras que incluíam países com níveis de desenvolvimento econômico muito variados, não se deu a devida atenção à grande disparidade entre países de alta e baixa renda per capita. Na medida em que essa grande disparidade elimina qualquer variação possivelmente existente **no interior** do grupo de países com alta ou baixa renda per capita, não foi difícil obter uma equação de regressão significativa associando o desenvolvimento econômico à abrangência das políticas sociais. Nas palavras de Castles e Mckinlay:

> [...] por não terem controlado seus resultados gerais, derivados da agregação de uma população composta de grande número de países independentes, segundo o crivo de uma óbvia desagregação, qual seja, a das distintas populações de grupos de alta e baixa renda, Wilensky e Cutright caíram numa falácia ecológica. Presumiram, erroneamente, que tudo aquilo que é verdadeiro para uma ampla amostra de países de níveis econômicos diferentes também se aplica a importantes subamostras, como a dos países de alta renda *per capita*. Na verdade, Wilensky e Cutright não ofereceram nenhuma prova satisfatória da convergência; apenas afirmaram que um grupo de países afluentes tende a dispor de maior soma de recursos para os programas sociais do que um grupo de países muito mais pobres. Assim, apenas repetiram o truísmo de que seres humanos de barriga cheia têm mais liberdade para dedicar recursos financeiros ao bem--estar social do que aqueles que têm de lutar todos os dias contra o espectro da fome iminente. (CASTLES; MACKINLAY, 1979, p. 166)

Outra importante objeção à teoria da convergência é a de que, embora pareça razoável supor que o processo de industrialização tenha criado situações e problemas semelhantes em todos os países que passaram por essa experiência, a hipótese de que **situações** semelhantes se transformam necessariamente em

problemas que exigem a intervenção do Estado não é convincente (COIMBRA, 1987, p. 97). Em outras palavras, é preciso levar em consideração que entre a constatação de determinados problemas sociais e a implementação de uma política pública há um vasto repertório de variáveis intervenientes, de modo que não se pode esperar o mesmo *output* de um país para outro. Aliás, é bem possível que uma situação vista como problemática em um país nem mesmo seja percebida como tal em outros, ou então que haja distintas capacidades e interesses na reformulação da agenda política, de modo que o problema percebido possa ser enfrentado. Contudo, mesmo quando a agenda é reformulada, os governos podem responder de maneira muito diversa, chegando mesmo a relegar o novo *issue* a um segundo plano na agenda política.

Procurando organizar a dispersa e heterogênea literatura a respeito das políticas sociais, Ramesh Mishra (1977) sugeriu a distinção entre cinco perspectivas teóricas mais ou menos organizadas: a teoria da cidadania, a teoria da convergência, o funcionalismo, o marxismo e a perspectiva dos serviços sociais. Não me ocuparei aqui da proposta de Mishra. Para os fins deste ensaio, o que importa é assinalar que alguns dos mais influentes defensores da perspectiva dos serviços sociais e da teoria da cidadania compartilham, dependendo da maneira como seus trabalhos são analisados, alguns dos principais postulados da teoria da convergência.

Como Arretche (1995) acertadamente sublinhou, tanto Richard Titmuss, talvez o mais influente adepto da abordagem dos serviços sociais, quanto T. H. Marshall, que sem dúvida elaborou a mais importante contribuição para a teoria da cidadania, apesar de concentrarem o foco de suas análises na história da Inglaterra, defendem a mesma premissa de que os programas sociais contemporâneos derivam, em grande parte, dos problemas advindos do processo de industrialização.

Em um ensaio de 1954, Titmuss salientou que as origens dos programas sociais devem ser procuradas na crescente complexidade da divisão social do trabalho, decorrente da industrialização. Como o processo de industrialização acarretou a especialização dos trabalhadores, os indivíduos foram se tornando cada vez mais dependentes da sociedade. Nesse contexto, os serviços sociais seriam a resposta às necessidades individuais ou coletivas, garantindo a sobrevivência das sociedades. A expansão dos serviços sociais revelaria o crescimento das necessidades das sociedades. Cabe notar, porém, que Titmuss interpretava a noção de "necessidade" não como um conceito ou condição natural, mas como necessidades determinadas pela cultura. O desenvolvimento de programas sociais estaria, portanto, subordinado ao reconhecimento e definição das novas "dependências criadas pelo Homem".[7]

---

(7) Richard Titmuss (1963), *Essays on the Welfare State*, *apud* Arretche (1995, p. 10).

Antes de passarmos a uma breve discussão das razões que me autorizam a dizer que Marshall partiu do mesmo postulado formulado pela "lógica da industrialização", talvez seja importante resumirmos aqui as peculiaridades da perspectiva dos serviços sociais, desenvolvida, dentre outros autores, por Titmuss. Essa abordagem tem sido criticada por seu estreito enfoque na ação empírica, pragmática, e no reformismo. Se o marxismo procurava fomentar a mudança radical, a perspectiva dos serviços sociais volta-se para reformas tópicas que contribuam para sanar as mazelas das sociedades. Por causa desse enfoque pragmático, os estudos dessa vertente não só negligenciaram a teoria como se concentraram nos programas governamentais em curso. A política social não era definida a partir de qualquer reflexão teórica, mas pela atividade prática dos governos. Por isso, não surpreende que a perspectiva dos serviços sociais tradicionalmente enfoque políticas locais ou nacionais isoladas (COIMBRA, 1987). É preciso lembrar, porém, que essa perspectiva ganhou uma relevância especial na Inglaterra, no momento em que os programas sociais sofriam pesado ataque. Todavia, não se deve recorrer exclusivamente a esse dado conjuntural para que se possa avaliar a perspectiva dos serviços sociais. Ainda que não se tenha a intenção de estimar sua contribuição para o aperfeiçoamento dos programas sociais, é importante lembrar que a tipologia das políticas sociais sugerida por Titmuss teve enorme influência nas pesquisas posteriores sobre o Estado de Bem-Estar Social, como se verá adiante.

Quanto a T. H. Marshall, que analisou a modernidade como trajetória de inclusão, penso não ser necessário acentuar aqui que os três componentes de sua concepção da cidadania moderna tornaram-se instrumentos heurísticos indispensáveis para a análise do desenvolvimento político e social do mundo ocidental. Tampouco é preciso recordar que o fato de Marshall ter concentrado sua análise no desenvolvimento dos direitos civis, políticos e sociais na Inglaterra distorceu sua teoria, no sentido de que resultou na descrição de um processo incremental, linear e evolucionário, incongruente com o desenvolvimento histórico de outros países.

Se é possível criticar a teoria da cidadania por prestar excessiva atenção aos programas sociais institucionais, crítica similar à que se faz à perspectiva dos serviços sociais, a teoria da cidadania também pode ser julgada por definir a noção da "igualdade" como parâmetro de avaliação dos programas sociais. No entanto, neste ensaio estou mais interessado em apontar a existência de algumas premissas comuns que aproximam a obra de Marshall da perspectiva da "lógica da industrialização".

Se em seus estudos mais conhecidos (*Citizenship and Social Class* e *Class, Citizenship and Social Development*), o Estado de Bem-Estar Social é interpretado como resultante da progressiva extensão dos direitos individuais, Marshall desenvolveu uma abordagem um pouco diferente em outro ensaio. Ainda que a política tenha um papel fundamental em seu pensamento, em uma obra intitulada *Social Policy*, Marshall ressaltou que as origens e a expansão do Estado de Bem-Estar Social fazem parte de um processo que se define essencialmente pela evolução lógica e natural das sociedades, evolução essa que teria representado, em boa medida, um processo de adaptação aos requisitos da industrialização. A intervenção política teria sido condicionada por um processo de desenvolvimento autônomo das políticas sociais. Se a ação política é certamente relevante para o surgimento e o aperfeiçoamento da política social, ela estaria apenas, segundo o argumento, concretizando a lógica inexorável das forças evolucionárias que atuam no interior do sistema social (ARRETCHE, 1995, p. 11).

Marshall chamou a atenção para um acentuado processo de convergência das políticas sociais durante os anos 1920 e 1930 nos países que já haviam estabelecido mecanismos incipientes de seguridade social. O autor percebeu a existência de um relativo consenso em torno da natureza e da extensão das responsabilidades governamentais quanto ao bem-estar do povo. Em vários países, a política social havia convergido nos seguintes aspectos: no que concernia os beneficiários dos programas de bem-estar social e o aparato administrativo adotado; em relação aos riscos dos quais as pessoas deviam ser protegidas, e no que diz respeito à concepção de algum grau de distribuição de renda como meta da política social (*idem*).

Traçado esse breve panorama da teoria da convergência e da maneira como suas premissas foram compartilhadas por autores como Titmuss e Marshall, cabe agora avaliar as demais teorias elaboradas para explicar o desenvolvimento do *Welfare State*, algumas das quais procuram contornar as principais deficiências da abordagem que acabamos de revisar.

Na visão de Quadagno (1987), a explicação dos diferentes regimes de política social só se tornou uma questão importante para as ciências sociais quando se desfez o relativo consenso sobre a eficiência das políticas fiscais keynesianas. Quando os gastos públicos não puderam mais conter o desemprego e a inflação, percebeu-se que a ênfase no gasto e na convergência das políticas sociais deveria ser confrontada com a análise de outras variáveis capazes de atenuar o determinismo econômico inerente à *Teoria da lógica da industrialização*.

Contudo, mesmo antes que a "revolução keynesiana" fosse definitivamente colocada em xeque, estudos empíricos já haviam demonstrado a falácia de se tratar a expansão do Estado de Bem-Estar Social como um subproduto do processo de industrialização. Quando a estrutura de classes e o sistema partidário, por exemplo, passaram a ser analisados como variáveis independentes, tornou-se claro que a forte correlação entre as dimensões do *Welfare State* e a força política dos partidos socialistas e dos sindicatos dos operários não podia ser menosprezada.

Os argumentos sugeridos pelos teóricos neomarxistas para explicar as contradições do Estado de Bem-Estar constituem uma forma de se reconhecer a luta por determinados recursos de poder, negligenciada nos estudos que se baseavam nas premissas da "lógica da industrialização".

Autores neomarxistas analisaram a compatibilização entre os direitos gerais da cidadania e a desigualdade social mitigada pelas políticas públicas a partir de dois argumentos distintos. O primeiro enfatiza que a natureza competitiva da dinâmica político-partidária das democracias de massa teria produzido importantes transformações no universo político. Esse processo teria atenuado o radicalismo político, pois a competição partidária exige o fortalecimento da burocracia dos partidos e a maximização do apoio eleitoral, essencial na busca de uma maioria parlamentar. A ampliação do eleitorado de um partido, gerando maior heterogeneidade dos grupos de apoio, teria contribuído para diluir a identidade coletiva, que seria fundamental para que os partidos pudessem atender, em suas atividades parlamentares, os objetivos de classe (OFFE, 1984; PRZEWORSKI, 1989). As características da política partidária praticamente garantiriam que a estrutura do poder político não se desviaria significativamente da estrutura do poder econômico (QUADAGNO, 1987).

O segundo argumento empregado pelos autores neomarxistas para explicar a expansão do *Welfare State* é que a provisão pública de bem-estar teria dissolvido o conflito de classes inerente à mercantilização do trabalho. O conflito de classes nas sociedades industriais, da maneira como havia sido analisado por Marx, teria sido substituído por um tipo de conflito de classes que progressivamente se institucionalizou, tendo se concentrado nas questões distributivas mais do que naquelas relativas à produção. O argumento pretende desvendar o *trade-off* entre capitalismo e *Welfare State*. A garantia da legitimidade do sistema capitalista seria a transformação de uma parte do excedente econômico nos mecanismos redistributivos do Estado de Bem-Estar.

É neste segundo argumento que o neomarxismo revela com mais clareza sua inclinação funcionalista. Esse *bias*, explícito em *The Fiscal Crisis of the State*, de O'Connor (1973), pode ser percebido na interpretação dos programas sociais como geradores de harmonia social, uma vez que eles aprimorariam as aptidões dos trabalhadores e garantiriam a eles um certo bem-estar, o que contribuiria para a otimização do funcionamento do mercado de trabalho capitalista. Ao subsidiar os gastos sociais anteriormente a cargo dos setores privados, o Estado estaria operando primordialmente em benefício do capital.

Segundo essa perspectiva, as políticas sociais seriam úteis e funcionais para o capitalismo, uma vez que elas, simultaneamente, suavizam o processo de acumulação e asseguram a redução dos atritos inerentes à operação do Estado capitalista. As políticas sociais seriam funcionais para o processo de acumulação porque viabilizam simultaneamente a produção e a circulação.

No que diz respeito à produção, as políticas sociais poderiam reduzir os custos de reprodução e aumentar a produtividade dos trabalhadores. Quanto à circulação, as políticas sociais garantiriam a manutenção de níveis elevados de demanda agregada, independentemente dos ciclos econômicos. Para sustentar a demanda, os governos transferem renda para certos grupos, como os desempregados e aposentados, e estimulam os setores produtivos, adquirindo as mercadorias necessárias à operação dos programas sociais.

Segundo a concepção neomarxista, as políticas sociais também seriam funcionais para o Estado capitalista, posto que garantem certa legitimidade ao Estado, uma vez que os trabalhadores se tornariam mais "dóceis". Iludidos pelas aparentes vantagens proporcionadas pelas políticas sociais, os trabalhadores abririam mão de seu potencial revolucionário, integrando-se ao sistema (COIMBRA, 1987, p. 90-1).

Outro modelo teórico foi desenvolvido quando se tornou evidente que a ênfase dada pelos defensores da teoria da "lógica da industrialização" ao gasto social negligenciava linhas causais importantes para a compreensão da expansão do Estado de Bem-Estar Social. Tomando como paradigma a experiência escandinava e realçando os recursos de poder sob o controle da esquerda, construiu-se um modelo analítico denominado "modelo dos recursos de poder" ou "paradigma social-democrata". Essa abordagem "atribui a diversidade na provisão de bem-estar entre países às diferenças existentes na distribuição dos recursos políticos entre as classes" (PIERSON, 1996, p. 150). Consolidando-se nos últimos anos da década de 1970, a perspectiva dos recursos de poder logo se tornou uma influente teoria na área da política comparada, empregada principalmente na explicação dos padrões de desenvolvimento do *Welfare State*. Seus principais porta-vozes são Walter Korpi, Gösta Esping-Andersen e John Stephens.[8]

Segundo essa teoria, a expansão do Estado de Bem-Estar Social teria sido o resultado da união das forças ligadas ao movimento trabalhista e de seu poderio crescente na sociedade civil e na esfera política. Uma força de trabalho emancipada pelo estabelecimento dos direitos civis, organizada no mercado de trabalho para reivindicar aumentos salariais e a melhoria das condições de trabalho, teria transferido sua luta para as esferas eleitoral e governamental, com o intuito de alterar a estrutura das desigualdades (QUADAGNO, 1987).

---

(8) Veja, por exemplo, Walter Korpi 1978, 1980 e 1983; Gösta Esping-Andersen 1985 e John D. Stephens 1979. Ian Gough (1979), embora admitindo que as políticas sociais são funcionais para o processo de acumulação, para a reprodução da força de trabalho e para a legitimidade do Estado, também pode ser considerado um autor alinhado com a perspectiva dos recursos de poder, pois afirmou que o *bias* funcional das políticas sociais não é suficiente para que se compreenda a expansão dos programas de bem-estar. Reconhecendo o Estado como relativamente autônomo, Gough afirma que há espaço para a disputa em torno dos mecanismos de redistribuição.

44   Capítulo 2

Estudos empíricos têm corroborado a argumentação dos teóricos alinhados à perspectiva dos recursos de poder, na medida em que se observou a existência de fortes correlações entre os níveis do gasto social, os índices de sindicalização e a estabilidade dos governos de esquerda. Contudo, várias inconsistências do modelo têm sido apontadas. Jill Quadagno resumiu-as da seguinte maneira: antes de tudo, a ascensão da social-democracia ao poder não representou, do ponto de vista histórico, a única via para a expansão do *Welfare State*, embora a hegemonia social-democrata tenha viabilizado a construção, nos países nórdicos, da mais desenvolvida estrutura pública de provisão de bem-estar social. Além disso, o impacto do reformismo e incrementalismo social-democrata também foi condicionado pela conjuntura econômica e pelas peculiaridades do sistema político.[9]

Outra crítica, muito semelhante à que é feita à teoria da "lógica da industrialização", ressalta que, se a perspectiva dos recursos de poder parece fornecer um instrumental analítico útil quando se deseja compreender a expansão do *Welfare State* nos países escandinavos, ela torna-se insatisfatória quando se trata de explicar o mesmo fenômeno em sociedades não democráticas. O modelo também tem dificuldades para explicar o desenvolvimento das políticas sociais no período anterior à Segunda Guerra Mundial.

Contudo, se a centralização e o autoritarismo político são cruciais para a compreensão do surgimento de mecanismos de proteção social na Alemanha de Bismarck, e se a hegemonia social-democrata parece explicar muito bem o desenvolvimento do *Welfare State* nos países escandinavos, a série de argumentos e abordagens que acabamos de apresentar não dá conta de fenômenos que vêm ganhando destaque na ciência política contemporânea, tais como a influência das burocracias públicas na elaboração e implementação de políticas públicas e o fenômeno conhecido como *policy feedback*. Como assinalado com argúcia por Quadagno, não surpreende que, nesta época em que a autoridade estatal se tornou um poderoso instrumento para a **restrição** dos benefícios sociais, os cientistas sociais tenham passado a prestar mais atenção nas teorias centradas no Estado.

De acordo com a teoria da "lógica da industrialização", o Estado teria respondido mais ou menos automaticamente às necessidades dos setores marginalizados e/ou vulnerabilizados pelo processo de industrialização. Os defensores da perspectiva dos recursos de poder concebem o Estado como um instrumento permeável às pressões dos sindicatos e dos partidos. Os neomarxistas, seguindo uma das máximas do *Manifesto Comunista*, entendem o Estado

---

(9) O papel dominante da social-democracia nos países escandinavos já foi analisado, por exemplo, a partir da incapacidade dos partidos não-socialistas de formar coalizões duradouras (CASTLES, 1978).

e o *Welfare State*, em última instância, como instrumentos de perpetuação do capitalismo.

Entretanto, tem se tornado cada vez mais evidente que o Estado não é apenas um instrumento passivo através do qual os diversos grupos de pressão procuram fazer prevalecer os seus interesses. Em boa parte da literatura mais recente, o Estado e as burocracias públicas aparecem como atores relevantes, capazes de influenciar o formato da legislação social e a implementação de políticas. Essa vertente analítica, que vem assumindo rapidamente posição de destaque na ciência política contemporânea, é geralmente denominada "neoinstitucionalismo". Os autores que se alinham a essa vertente afirmam que o Estado é mais do que uma mera arena para os conflitos sociais. De fato, em vez de se afirmar que o neoinstitucionalismo desenvolveu uma perspectiva **centrada no Estado** (*state centered*), seria mais correto dizer que os neoinstitucionalistas elaboraram uma abordagem *polity centered* (ARRETCHE, 1995, p. 30).

Segundo essa perspectiva, a influência do processo de tomada de decisões, dos procedimentos e do aparato administrativo sobre o comportamento dos atores políticos e sobre o desenvolvimento do Estado de Bem-Estar Social é crucial e multifacetada. Pierson oferece-nos um providencial resumo desse argumento:

> As instituições políticas de diferentes países variam em dimensões cruciais tais como as regras da competição eleitoral, as relações entre o Legislativo e o Executivo, o papel dos tribunais e o lugar dos governos subnacionais na política. As instituições determinam as regras do jogo para as lutas políticas influenciando a identidade dos grupos, as preferências políticas, as escolhas de coalizões, aumentando o poder de barganha de alguns grupos e diminuindo o de outros. As instituições também influenciam as capacidades do governo e seus recursos administrativos e financeiros para planejar intervenções políticas. (PIERSON, 1996, p. 152)

Ainda de acordo com Pierson, a contribuição dos "institucionalistas" para o entendimento da expansão do Estado de Bem-Estar Social enfatiza duas ordens de questões. Primeiro, os governos que dispõem de grande capacidade administrativa e de coesão institucional seriam mais propensos a estabelecer *Welfare States* fortes e bem estruturados. Quando a autoridade política é fragmentada, parece ser mais factível imaginar que o empenho das minorias em vetar a legislação social seja mais eficiente. De acordo com esse argumento, a expansão do Estado de Bem-Estar Social poderia ser restringida com mais facilidade tanto pelo federalismo, pela separação dos poderes, pelo bicameralismo forte como pelo recurso frequente aos referendos. Isso quer dizer que quanto mais fragmentado for o sistema decisório, mais difícil se tornará a implementação de políticas redistributivas, ou seja, as políticas de bem-estar social *par excellence*.

Porém, cabe notar que, já em fins da década de 1960, Robert Salisbury havia formulado um argumento parecido. Ampliando a pioneira tipologia das políticas públicas elaborada por Theodore Lowi, Salisbury propôs a distinção de quatro tipos de políticas, segundo seu impacto na sociedade e levando em consideração dados sobre as "percepções dos atores". As quatro categorias de política pública distinguidas por Salisbury são: distributiva, redistributiva, regulatória e autorregulatória (SALISBURY, 1968). Dados os nossos objetivos neste ensaio, importa salientar que, analisando a adoção de políticas de acordo com o grau de integração ou fragmentação tanto do sistema decisório quanto do padrão da demanda, Salisbury sugere que, quando o sistema decisório é fragmentado, as políticas mais prováveis são do tipo distributivo ou autorre-gulatório.

Políticas redistributivas são associadas a sistemas decisórios integrados e a padrões de demanda igualmente integrados. Os institucionalistas fazem afirmações semelhantes, ressaltando que Estados fortes (ou coesos) tendem a gerar *Welfare States* fortes e bem estruturados.

Entretanto, não se pode deixar de mencionar que, em um artigo posterior, escrito em parceria com John Heinz, Salisbury aperfeiçoou significativamente sua tipologia. A revisão da tipologia baseou-se na premissa de que:

> [...] é preciso fazer uma distinção fundamental entre decisões que alocam benefícios tangíveis diretamente às pessoas ou grupos, como geralmente é o caso dos gastos, e decisões que determinam regras ou estruturas de autoridade para orientar futuras alocações. Ademais, [...] variáveis do sistema político do tipo que se acredita ter pouco impacto na magnitude do gasto podem, mesmo assim, ter efeitos significativos sobre o **tipo** ou a **distribuição** desse montante. (SALISBURY; HEINZ, 1970, p. 40)

Além disso, o significado empírico do conceito de "sistema decisório integrado" ou "fragmentado" não é muito claro, podendo gerar uma série de ambiguidades. Por isso, essa dimensão foi substituída posteriormente, no trabalho de Salisbury e Heinz, pelo "custo de se obter uma decisão". Esse aperfeiçoamento deveria servir de orientação para os institucionalistas, mas, a meu ver, tem sido um tanto negligenciado.

A segunda ordem de questões suscitadas pela perspectiva neoinstitu-cionalista quando da busca de uma explicação para o desenvolvimento do *Welfare State* relaciona-se com o impacto ou "legado" de políticas previamente implementadas. Argumenta-se que o chamado *policy feedback* deveria ser detectado não só na maneira como as políticas proporcionam recursos e incentivos aos atores políticos, mas também nas consequências **cognitivas** de políticas anteriores.

Sabe-se, por exemplo, que o acionamento dos grupos de interesse muitas vezes parece se dar **posteriormente** à adoção de determinadas políticas públicas, em vez de **precedê-la**. Em épocas de retração do Estado de Bem-Estar Social, são inúmeros os exemplos desse fenômeno. A ameaça de restringir benefícios sociais ou cortar serviços públicos tem mobilizado grupos de beneficiários favoráveis à manutenção ou mesmo ampliação dos programas ameaçados. A implementação de determinadas políticas públicas pode ainda criar nichos para ativistas políticos que, movidos pelos incentivos detectados, auxiliam os grupos latentes a superar seus problemas de ação coletiva. Mais uma vez, podemos recorrer a Paul Pierson na busca de uma síntese do argumento do *policy feedback*:

> São muito diversas as possíveis consequências das estruturas das políticas preexistentes para o Estado de Bem-Estar Social. Essas estruturas afetam o tamanho e a orientação de vários grupos da sociedade assim como os padrões de formação de grupos de interesse. Os programas podem servir de base para processos de aprendizado social que afetam os prognósticos de expansão de futuros programas, seja negativa, seja positivamente. As políticas podem gerar compromissos de longo prazo tais como contratos intergeracionais [...] comuns no sistema público de pensões que entravam determinadas trajetórias de desenvolvimento das políticas. (PIERSON, 1996, p. 153)

Os altos índices de sindicalização na Suécia são um exemplo claro dos efeitos do *policy feedback,* no qual o legado de políticas públicas contribuiu, na forma de alocação de recursos, para o crescimento das poderosas confederações suecas de trabalhadores, decisivas para a formação do chamado "modelo sueco". Na opinião de Bo Rothstein (1992), um dos fatores essenciais na explicação da extraordinária força das confederações sindicais suecas é o fato de ter sido conferida aos sindicatos autoridade para administrar os fundos de desemprego. Como a administração desses fundos passou a ser responsabilidade dos sindicatos, os trabalhadores passaram a dispor de fortes incentivos seletivos para se sindicalizarem.

Contudo, as políticas públicas também podem fortalecer determinados grupos facilitando-lhes o acesso aos tomadores de decisões, o que significa que se verificam efeitos de *feedback* tanto na **formação** quanto na **atividade** de determinados grupos de pressão. Mas esses efeitos não se restringem aos grupos sociais, afetando também as elites governamentais. Em poucas palavras, pode-se dizer que as políticas públicas transformam e/ou expandem a

48 Capítulo 2

capacidade do Estado, em termos de recursos administrativos, experiência de implementação etc. (PIERSON, 1993).

Teóricos neoinstitucionalistas têm sugerido, porém, que os efeitos de *feedback* não se limitam ao impacto relacionado com incentivos e recursos materiais. Também é possível perceber o impacto de políticas anteriores sobre os processos cognitivos dos atores[10]. Os processos de formulação de políticas públicas incluem não só decisões, mas também conhecimento e *know how*. A via incrementalista de expansão do *Welfare State* poderia ilustrar tanto o caminho pelo qual o Estado chegou a administrar e redistribuir o excedente econômico quanto o processo de aprendizagem que se segue à gradual implementação de um grande número de políticas. É importante acentuar, todavia, que os processos de aprendizagem podem influenciar os desdobramentos de políticas preexistentes tanto positiva como negativamente. Em outras palavras, a mudança política induzida pela experiência pode ser percebida tanto em relação ao aperfeiçoamento de programas quanto ao seu bloqueio. A aprendizagem refere-se tanto ao que deve/pode ser feito quanto ao que não se pode ou não se deve fazer (BENNETT; HOWLETT, 1992).

Não obstante a relevância dessa perspectiva que trata dos processos de aprendizagem e da mudança nas políticas, é preciso estar atento ao fato de que:

> [...] a aprendizagem é apenas um corretivo parcial para teorias de mudança nas políticas baseadas em noções de poder e conflito. Não se trata de uma hipótese alternativa, porque [a aprendizagem] sempre se dá no interior de estruturas que ganharam, ou mantiveram, autoridade para alocar valores dentro da comunidade. [...] Conhecimento e informação devem ser vistos como um "recurso" a mais que distingue quem tem poder de quem não tem poder. As informações sobre políticas públicas não são usadas de maneira neutra ou despolitizada. O que "é aprendido" e o que "é lembrado" sempre deve ser visto no contexto dos interesses políticos e do poder político. (BENNETT; HOWLETT, 1992, p. 290-1)

Como observado com pertinência por Paul Pierson (1993), o neoinstitucionalismo lança uma nova luz sobre um argumento formulado por Schattschneider cerca de seis décadas atrás: "novas políticas criam uma nova maneira de se fazer política" (*new policies create a new politics*).[11]

---

(10) Uma interessante discussão sobre as teorias da aprendizagem e mudança política pode ser encontrada em Bennett e Howlett (1992). Os autores apresentam e analisam cinco concepções de aprendizagem, cada uma delas com seu papel peculiar na formação de políticas públicas: aprendizagem política, aprendizagem governamental, aprendizagem orientada para as políticas, extração de lições (*lesson drawing*) e aprendizagem social.

(11) Note-se que Theda Skocpol, importante representante da vertente neoinstitucionalista, declarou, à maneira de Schattschneider, que se a política cria políticas, as políticas também recriam a política (SKOCPOL, 1992, p. 58).

Esping-Andersen (1995) nos lembra, porém, que o Estado de Bem-Estar Social significou, historicamente, muito mais do que o "mero" desenvolvimento das políticas sociais, posto que representou também a reconstrução econômica, moral e política das nações. Esse comentário ajuda-nos a compreender por que o processo de desmontagem do *Welfare State*, que vem ocorrendo em alguns países desde a primeira metade dos anos 1970, tem sido recorrentemente encarado com perplexidade. Ultrapassa os limites deste ensaio qualquer tentativa de se mapear todos os fatores endógenos, exógenos, estruturais, políticos, econômicos, culturais e demográficos que têm contribuído para solapar o edifício do Estado de bem-estar social.[12]

No entanto, ao tratar da crise do Estado de Bem-Estar Social, é preciso não subestimar a capacidade dos mecanismos institucionais e dos atores políticos de impor limites à retração do *Welfare State*.[13] Depois que os mais enérgicos esforços de Thatcher e Reagan para desmontar o *Welfare State* na Grã-Bretanha e nos Estados Unidos acabaram deixando relativamente intactas as instituições de bem-estar, alguns autores passaram a afirmar que o Estado de Bem-Estar, que enfrenta dificuldades desde meados dos anos 1970, está sendo reestruturado muito mais do que desmantelado ou destruído.

Em um artigo já mencionado neste ensaio, Paul Pierson (1996) afirma que a ciência política não tem sido capaz de desenvolver teorias que expliquem de modo satisfatório como vem sendo conduzida a retração/readaptação do Estado de bem-estar social. Essa deficiência pode ser em parte explicada pelo próprio sucesso das teorias construídas para interpretar sua expansão, as quais acabamos de inventariar. De acordo com Pierson, o que explica o relativo fracasso dos pesquisadores que têm analisado a retração do *Welfare State* é o fato de que se tem buscado avaliar a política de restrição de benefícios e serviços a

---

(12) Em um trabalho de 1996, Claus Offe analisa algumas das "causas subjacentes à destruição de comunidades de interesse autoconscientes nas sociedades industriais avançadas e, portanto, dos suportes culturais e normativos do Estado de Bem-Estar Social". Não cabe dúvidas, porém, quanto ao fato de a internacionalização das economias significar, também, um obstáculo adicional para qualquer retomada da estratégia keynesiana, outrora exitosa, de expansão da demanda interna agregada, e não primordialmente cíclico — Hoje em dia o desemprego é em parte estrutural, e o crescimento da renda tem se tornado cada vez mais impermeável à intervenção política. A aceleração do processo de transnacionalização do capital e internacionalização dos mercados restringe a autonomia dos países para definir suas políticas públicas (ESPING-ANDERSEN, 1995). Com o Tratado de Maastricht, por exemplo, que estabeleceu as bases para a União Monetária Europeia e para a criação de uma moeda comum na Europa, controlada por um Banco Central supranacional, preservou-se a autonomia dos países para regulamentar os seus sistemas tributários. Contudo, os Estados-membros perderam uma parcela importante de sua autonomia, pois grande parte do planejamento macroeconômico ficou a cargo de instituições europeias supranacionais.

(13) Uma amostra das opiniões dos economistas sobre a crise atual e o futuro do Estado de Bem-Estar Social pode ser encontrada em Andersen, Moene e Sandmo (1995).

50 Capítulo 2

partir de teorias criadas para explicar a expansão do sistema. A "nova política do *Welfare State*" seria muito diferente da antiga.[14]

Se o desenvolvimento do Estado de Bem-Estar Social envolveu o planejamento e a implementação de políticas públicas, geralmente populares, em um contexto no qual os grupos de interesse eram relativamente pouco desenvolvidos, a limitação dos programas sociais, por sua vez, exige a implementação de políticas usualmente impopulares. É de se esperar que eleitores individuais e grupos de interesse reajam prontamente contra essas políticas. Isso quer dizer que os **objetivos** políticos dos *policy-makers* mudaram tanto quanto o **contexto** político. Nesse sentido, os teóricos do *policy feedback* parecem ter os recursos analíticos mais apropriados para uma adequada compreensão da "nova política do *Welfare State*".

Pierson resume nos seguintes termos as limitações das teorias correntes. A teoria conhecida como da "lógica da industrialização", que foi pioneira na explicação da expansão do *Welfare State*, tem sido também utilizada na análise da era da retração. Os autores que empregam essa variante do determinismo econômico antevêem uma convergência nos padrões nacionais de política social, que seria um dos desdobramentos da mudança econômica mundial. Alguns analistas das consequências da União Europeia, por exemplo, seguindo a mesma lógica, prevêem que a integração econômica conduzirá a um processo de *dumping* social, no qual capital e trabalho migrariam entre os países de acordo com a carga tributária e com os benefícios sociais vigentes em cada lugar. A "nova lógica da industrialização" parece, no entanto, reproduzir as mesmas deficiências que assolaram o corpo teórico que deu origem a essa "nova" abordagem. Tanto a versão original quanto a nova parecem subestimar o jogo político e a resistência institucional à mudança. Numa palavra, o processo de formação de políticas não deve ser interpretado como direta e exclusivamente derivado das tendências econômicas.

Quanto à teoria dos recursos de poder, que atribui as diferenças nacionais na provisão pública de bem-estar à distribuição dos recursos políticos entre as classes, pode-se dizer que sua aplicação imediata ao período de retração do Estado de Bem-Estar Social é igualmente problemática. Como a força dos sindicatos e dos partidos de esquerda reduziu-se consideravelmente em várias sociedades ditas pós-industriais, essa teoria parece prever que esse declínio seria imediatamente refletido na diminuição da provisão estatal de serviços e benefícios sociais. No entanto, como Pierson mostra em sua análise da Inglaterra, dos Estados Unidos, da Alemanha e da Suécia, não parece haver provas

---

(14) Um breve paralelo: se John Logue (1979) sugeriu que o *welfare state* foi "vítima de seu próprio êxito", Paul Pierson mostra como teorias anteriormente bem-sucedidas tornam-se "vítimas" quando aplicadas ao contexto da retração do sistema.

irrefutáveis de que isso esteja ocorrendo. Pelo menos nesses países, a redução dos programas sociais tem sido muito mais modesta do que o enfraquecimento do movimento operário poderia nos fazer acreditar. Uma explicação possível desse fato é que os grupos de interesse associados a determinadas políticas sociais tornaram-se atores cruciais, que não podem ser desprezados no jogo político.

Na verdade, mesmo quando os grupos de beneficiários não são suficientemente organizados, há indícios da veracidade da tese pluralista, segundo a qual os políticos reagem de maneira preventiva para evitar que grupos latentes se organizem. Quando os grupos de pressão já estão organizados, seus interesses e influência são, usualmente, levados em consideração pelos *policy-makers*. Na Suécia, por exemplo, os aposentados e pensionistas organizam-se em dois grupos distintos: a "Organização Nacional dos Pensionistas" (*Pensionärernas Riksorganisation* — PRO), estreitamente ligada ao Partido Social-Democrata, e a "Associação Sueca de Pensionistas" (*Svenska Pensionärers Riksförbund* — SPR), que organiza os pensionistas "não socialistas". Desse modo, sempre que a reforma do sistema de aposentadorias e pensões aparece como prioridade na agenda política, qualquer que seja o partido no poder, insatisfações e apoios têm de ser cuidadosamente pesados. Esse fenômeno ilustra o fato singelo de, no *Welfare State* "maduro", a política de redução e restrição de benefícios não se dar segundo os parâmetros e critérios da política de expansão do sistema.

No entanto, uma parte do argumento neoinstitucionalista, muito útil para o estudo do crescimento do Estado de Bem-Estar Social, também parece ser insatisfatória quando aplicada diretamente aos processos de retração. Por exemplo, não parece factível que a capacidade burocrático-administrativa seja particularmente importante numa época de restrições de benefícios. Ao contrário, é de se esperar que o setor público reaja contra a retração do *Welfare State*. Além disso, se sistemas políticos coesos concentram autoridade, facilitando ao mesmo tempo os processos de expansão e redução do sistema de bem-estar, a própria coesão parece expor excessivamente os atores encarregados da impopular limitação dos benefícios. Nesse caso, dificilmente pode ser adotada a estratégia de se evitar a responsabilidade pela retração.

De fato, pressões políticas, econômicas, demográficas e ideológicas têm contribuído para cultivar a imagem de um *Welfare State* encurralado. Contudo, várias análises do desenvolvimento de programas sociais e avaliações dos gastos públicos têm revelado que retrações drásticas têm sido raras, mesmo quando os detentores do poder político têm nas mãos todos os instrumentos necessários para se restringir radicalmente os benefícios e serviços. Este parece ter sido o resultado final dos intensos ataques desfechados por Thatcher contra o *Welfare State*, que não conseguiram reduzir os programas de bem-estar na Grã-Bretanha tão profundamente quanto se alardeou. Pode-se dizer o mesmo a respeito da coalizão de partidos não socialistas que governou a Suécia entre 1991 e 1994, que pretendia fazer uma "revolução da livre escolha" no país. Ao fim e ao cabo, continuidade e adaptação parecem ser os termos que melhor descrevem o que realmente está acontecendo.

As razões da relativa estabilidade do Estado de Bem-Estar Social podem ser encontradas no fato de o *Welfare State* representar hoje o *status quo* nas democracias pós-fordistas, com todas as vantagens políticas que tal *status* confere (PIERSON, 1996, p. 174). Recordando mais uma vez as palavras de Schattschneider, "novas políticas criam uma nova maneira de se fazer política" (*new policies create a new politics*).

3. Tipologias do Estado de Bem-Estar e regimes de políticas sociais

Mesmo antes que os pesquisadores contemporâneos tivessem "redescoberto" a utilidade de se definir tipologias do *Welfare State* ou regimes de política social, dois modelos de Estado de Bem-Estar já eram referência obrigatória não só para os analistas acadêmicos, mas também para os *policy-makers*. Esses modelos históricos eram: o "modelo bismarckiano" e o "modelo beveridgeano", que serão apresentados a seguir.

3.1. O modelo bismarckiano de Estado de Bem-Estar Social

As políticas sociais do chanceler Bismarck, implementadas na Alemanha imperial principalmente durante a década de 1880, são de modo geral reconhecidas como as precursoras do Estado de Bem-Estar Social contemporâneo. Cabe lembrar, porém, que o conceito alemão de *Sozialpolitik* é fortemente associado à ideia de seguridade social. Da Alemanha, o conceito cruzou fronteiras e alcançou as demais nações europeias.[15]

Quando se analisam as políticas sociais bismarckianas, duas de suas características costumam ser destacadas: seu caráter seletivo ou corporativo e seu propósito explícito de pacificar os operários industriais, minar a organização trabalhista e promover a paz social. De fato, em 1881, o imperador foi ao *Reichtag* em Berlim para declarar que a repressão não traria melhoras para a situação dos operários industriais e que a paz social seria alcançada por intermédio da criação do seguro social contra acidentes de trabalho e invalidez e para o amparo quando de doenças e na velhice. Os mecanismos de bem-estar, cuja im-

---

(15) O verbete *Welfare State* da *International Encyclopedia of the Social Sciences* diz que, pelo menos até o lançamento do Plano Beveridge na Inglaterra, na década de 1940, o seguro social bismarckiano da década de 1880 ainda era o fato de maior influência no discurso da política social.

plementação ficou a cargo do chanceler Otto von Bismarck, trariam vantagens tanto para a classe operária quanto para o patronato (OLSSON, 1993, p. 17).

Por essa razão, a Alemanha bismarckiana tornar-se-ia um paradigma para a análise do *Welfare State* como uma forma de manipulação bonapartista, isto é, como intervenção preventiva de elites precavidas contra o crescente poder do operariado (ver BALDWIN, 1990).

No entanto, é preciso salientar que as políticas sociais de Bismarck cumpriram um papel essencial no processo de construção nacional durante o Segundo Reich. Tendo como uma de suas principais metas consolidar a integração de Estados anteriormente independentes, a administração centralizada da seguridade social nacional foi estratégica para o Segundo Reich, que também precisava reafirmar no plano internacional seu poderio militar e industrial (OLSSON, 1993, p. 17).

Os programas bismarckianos eram seletivos ou corporativistas na medida em que, no princípio, seus únicos beneficiários eram os operários industriais, considerados como uma categoria social que compartilhava os mesmos interesses.

> Em comparação com as antigas leis de assistência pública, que exigiam comprovação de carência, o princípio da seguridade significou que os requerentes/beneficiários passaram a ter o direito de serem reembolsados por fundos para os quais eles mesmos — junto com seus empregadores ou por intermédio destes — haviam contribuído durante toda sua vida profissional, como respeitáveis trabalhadores ou assalariados. Com isso concedeu-se à classe operária industrial um *status* social melhor e mais digno, sob a tutela do Estado imperial. O acréscimo da [palavra] **social** à [palavra] **seguro** implicava transcender o puro princípio do mercado, em direção a um sistema qualitativamente novo de assistência pública, sobretudo porque o Estado não só criou uma nova burocracia e subsidiou o novo sistema, mas porque funcionou como o agente financiador em última instância. (*ibidem*, p. 18)

Em sua origem, as políticas implementadas pelo "Chanceler de Ferro" voltavam-se principalmente para a seguridade básica; os benefícios oferecidos eram fixos e uniformes, não dependendo da renda dos beneficiários. O seguro contra o desemprego entrou em vigor mais tarde, no início do século XX. Em relação aos benefícios para os desempregados, contudo, a Alemanha não foi pioneira, posto que esses benefícios foram introduzidos anteriormente na França (1905) e na Noruega (1906).

Se o termo alemão *Sozialpolitik* expressa uma forma de fusão entre **políticas** sociais [*social policy*] e **política** social [*social politics*], denotando o emprego da arte da política com a finalidade de garantir a coesão e o bem-estar da sociedade, essa concepção foi traduzida, na Lei Básica Alemã, no conceito de "Estado social" (*Sozialstaat*). Porém, é importante lembrar que, tanto na prática quanto na Lei Básica, a obrigação do Estado com a provisão de bem-estar e com a manutenção da renda era complementada pela ênfase nas obrigações das associações ou grupos privados (principalmente empregadores e sindicatos), das famílias e dos próprios indivíduos com seu próprio sustento. Não se tratava, em absoluto, da obrigação de nivelar as condições de vida dos indivíduos ou da criação de uma rede de seguridade mínima inequívoca e universal (GINSBURG, 1993, p. 68).

Antes que as pesquisas sobre o *Welfare State* e antes que a atenção mundial tivesse — tivessem adquirido prestígio acadêmico e se voltado para o chamado "modelo sueco", o que se deu com especial ênfase a partir dos anos 1960, era muito comum que se entendesse o desenvolvimento dos mecanismos de proteção social como uma linha evolutiva que se iniciava nos programas bismarckianos, atingindo a maturidade com o Plano Beveridge[16]. Segundo aquela avaliação corrente, o *Welfare State* teria evoluído de um modelo industrial, balizado pela seleção dos "beneficiários" segundo a estrutura ocupacional e de classe, até atingir uma formatação calcada nos direitos da cidadania, na qual os benefícios não eram focalizados, mas universais. Esse teria sido também o caminho que levou do "Estado da seguridade social" ao "Estado dos serviços sociais". Por essa razão, é importante que seja apresentado, mesmo que rapidamente, o "modelo beveridgeano", antes que passemos à discussão das tipologias mais complexas, elaboradas posteriormente.

3.2. O modelo beveridgeano de Estado de Bem-Estar Social

Tornou-se comum designar as reformas do *Welfare State* introduzidas na Inglaterra do pós-guerra pelo nome do seu principal arquiteto, Sir William Beveridge[17]. Beveridge era um servidor público de tendência liberal, que vinha trabalhando na reforma dos mecanismos de seguridade social do Estado inglês desde a criação dos primeiros programas de seguro contra a doença e de seguro desemprego, em 1911. Esse sistema seria posteriormente ampliado, dando origem à Seguridade Nacional, que incluía, entre outros, pensão por invalidez, aposentadoria e montepio para viúvas.

---

(16) Para uma avaliação do crescimento da "indústria" de pesquisas sobre o *welfare state*, veja Olsson (1987). Para uma avaliação crítica das pesquisas nessa área realizadas nos países escandinavos, ver Henriksen (1987).

(17) Exceto quando especificado, esta seção resume a exposição de Olsson sobre os mecanismos de bem-estar propostos por Beveridge, que viriam a se tornar "o novo Exemplo Global" (OLSSON, 1993, p. 19-21).

Antes do fim da Segunda Guerra Mundial, porém, Beveridge começou a criticar o sistema vigente e a propor a criação de uma ampla rede de seguridade social. O chamado Plano Beveridge foi proposto em uma série de textos, como *Social Insurance and Allied Services* (o Relatório Beveridge de 1942[18]) e *Full Employment in a Free Society* (1944). No entanto, ainda que as reformas sugeridas tivessem a intenção de introduzir benefícios e serviços que fossem disponíveis a todos os cidadãos, sendo bem mais abrangentes que sua contrapartida bismarckiana, é importante enfatizar que uma das suas principais metas era promover a solidariedade entre as classes e evitar a decadência do país no pós-guerra. Nesse sentido, pode-se dizer que Beveridge seguiu os passos de Keynes, posto que a seguridade social também era entendida como um mecanismo macroeconômico capaz de assegurar a estabilidade. Cabe lembrar, ainda, a forte ênfase dada por Beveridge aos vínculos inapeláveis entre a seguridade social e o emprego, isto é, entre bem-estar social e trabalho.

Durante os anos 1940, a principal contribuição de Beveridge foi a de buscar uma integração dos mecanismos de seguridade social, com o objetivo de adequar a Seguridade Nacional às características do mercado de trabalho da época. Na verdade, a concepção de Beveridge do *Welfare State* ideal procurava associar uma perspectiva humanista com a lógica administrativa. Contudo, já se disse que Beveridge foi melhor na síntese e na propaganda do que na inovação (PEDERSEN, 1993, p. 337).

O Plano Beveridge concebia um Estado de Bem-Estar cuja principal função seria compensar os indivíduos pela perda de salários. Nas palavras do seu autor, o Plano era "um modelo de seguro social contra a interrupção e a destruição da capacidade de auferir renda e de cobrir despesas extraordinárias com o nascimento, casamento ou morte" (BEVERIDGE, *apud* PEDERSEN, 1993, p. 337).

Ainda que o combate ao desemprego não tenha se tornado um objetivo político tão prioritário na Inglaterra quanto na Suécia, por exemplo, Beveridge fez do pleno emprego, do Serviço Nacional de Saúde e do abono de família os três pilares do seu Plano.

De acordo com Olsson, embora o plano Beveridge enfatizasse a proteção da renda, ele procurava implementar critérios de universalização dos benefícios e serviços, em detrimento da focalização, ressaltando que os membros individuais da comunidade, "quer estejam trabalhando ou não, deveriam poder contar com algum grau de atenção e proteção por parte do conjunto da

---

(18) Deve-se recordar o enorme e extraordinário impacto político do Relatório em um país submetido às agruras da guerra.

Capítulo 2

comunidade". Outros aspectos importantes do Plano eram: a taxa uniforme (*flat-rate*) de benefícios e contribuições e a ideia de um "mínimo nacional", que transcendesse a ênfase na carência absoluta, que era muito comum nos sistemas tradicionais de assistência pública.

Assim, Beveridge propôs a inclusão de todos os cidadãos, classificados por grupos segundo as causas da instabilidade econômica a que estavam sujeitos, em um sistema uniforme e universal de seguro social, cujos benefícios não seriam condicionados pela necessidade. As pensões teriam valor fixo e uniforme e a exigência de comprovação de carência deveria ser abolida. O valor dos benefícios deveria ser suficiente para a subsistência. O sistema seria financiado pelas contribuições de seus membros e de seus respectivos empregadores, mas o Estado deveria cobrir um sexto da maioria dos benefícios de seguridade, a totalidade dos abonos de família e a maior parte dos custos do Serviço Nacional de Saúde (BALDWIN, 1990, p. 117).

Não cabe examinar aqui a maneira como o imensamente influente Plano Beveridge foi traduzido em políticas efetivas[19]. Basta dizer que o Plano proporcionou os fundamentos para a futura legislação social da Grã-Bretanha. Ginsburg, por exemplo, resumindo uma interpretação bem conhecida, afirmou que:

> [...] a virada ideológica decisiva para o moderno Estado de Bem-Estar Social ocorreu [na Grã-Bretanha] nas proximidades do término da Segunda Guerra Mundial, com a adoção da política econômica keynesiana e da política social de Beveridge. Desde então, o Estado de Bem-Estar Social britânico tem ocupado uma posição intermediária entre os Estados capitalistas. Nele não predomina nem a ideologia social-democrata, como na Suécia, nem um voluntarismo e coletivismo renitentes, como nos Estados Unidos. (GINSBURG, 1993, p. 139)

Como a perspectiva histórica parece ter sido um tanto negligenciada pelas pesquisas contemporâneas sobre o *Welfare State* (e, ao que parece, os neoinstitucionalistas ocuparam o lugar que os historiadores relutam em assumir[20]), talvez seja importante acentuar que as propostas de Beveridge não tiveram influência somente sobre os *policy-maker*s e sobre a opinião pública. O impacto do Plano Beveridge sobre os intelectuais britânicos é igualmente

---

(19) Os leitores interessados na questão poderão recorrer aos trabalhos de Pedersen (1993) e Balwin (1990).

(20) A exceção mais notória certamente é Peter Baldwin (1990), que também escreveu um artigo que procura esclarecer as razões que, supostamente, têm impedido seus colegas historiadores de se empenharem seriamente no campo das pesquisas sobre o *welfare state* (BALDWIN, 1992).

relevante para a nossa análise do desenvolvimento das teorias e tipologias do Estado de Bem-Estar Social. Segundo Olsson, tanto o Plano Beveridge quanto as reformas de Bevan[21] dos anos 1940 resultaram em diferentes formas de caracterização do *Welfare State*. Os estudos de T. H. Marshall e de Richard Titmuss são, certamente, os principais exemplos do impacto do Plano e das reformas subsequentes sobre o universo acadêmico.

Em certo sentido, é possível dizer que o Plano Beveridge antecipou alguns aspectos posteriormente desenvolvidos e teorizados por Marshall, como a ênfase na universalidade dos benefícios, concedidos a todos os cidadãos independentemente do seu grau de carência. Já nos referimos, anteriormente, à importância da contribuição marshalliana para a teorização da cidadania. Embora esteja fora do escopo deste ensaio discutir toda a paradigmática teoria da cidadania de Marshall, é importante lembrarmos aqui que sua definição de direitos sociais reflete a implementação na Grã-Bretanha das reformas nos mecanismos de bem-estar social, inspiradas pelo Plano Beveridge. Marshall deixou-nos a seguinte definição dos direitos sociais, que talvez seja propositadamente vaga: os direitos sociais incluem "uma série de direitos, desde o direito a um mínimo de bem-estar econômico e segurança até o direito de participar integralmente da herança social e de viver a vida de um ser humano civilizado, de acordo com os padrões prevalecentes na sociedade" (MARSHALL, 1963, *apud* OLSSON, 1993, p. 22).

Antes de passarmos a discutir a contribuição de Richard Titmuss à análise das variações históricas do Estado de Bem-Estar Social, acredito ser útil ressaltar, como fez Olsson, a relevância institucional alcançada pelo conceito de direitos sociais. Note-se, de passagem, que as obras de Titmuss que serão analisadas realmente transcendem a possível filiação do autor à "teoria da convergência", como já se sugeriu antes, fazendo desse autor uma fonte de inspiração para todas as formulações posteriores de tipologias do *Welfare State*.

A noção de direitos sociais foi inserida na Declaração de Direitos Humanos das Nações Unidas e atualmente faz parte de várias Constituições nacionais. Esse fato ilustra o comentário de Coimbra (1987) de que, apesar dos contornos vagos da definição de Marshall e a despeito de outras deficiências relacionadas à aplicação histórica de sua abordagem linear, incremental e evolucionária da expansão dos direitos individuais, o conceito de cidadania superou suas fragilidades analíticas e tornou-se uma meta e um apelo ético incomparáveis.

---

(21) Aneurin Bevan foi o ministro responsável pela criação, em 1948, do Serviço Nacional de Saúde inglês, que se tornou conhecido como NHS (abreviatura de *National Health Service*) ou como "o sonho do Sr. Bevan".

3.3. Richard Titmuss e sua precursora tipologia do *Welfare State* e das políticas sociais

Chamando a atenção para as dificuldades que os pesquisadores enfrentam quando se trata de definir "política social" — problema que ainda grassa na ciência política — Richard Titmuss (1974) sugeriu a existência de três "funções" ou modelos contrastantes de política social.[22] Sua tipologia precursora ressalta a lógica da intervenção do Estado, considerando a ética do trabalho que os modelos buscam fomentar e o papel designado à família. Inerente aos tipos-ideais de Titmuss, existe um apelo para que não se tomem parâmetros econômicos como as únicas medidas da provisão de bem-estar e das condições de vida. Os três modelos deveriam representar critérios distintos a partir dos quais as escolhas possam ser feitas, pois "não há como fugir de escolhas valorativas nos sistemas de bem-estar" (p. 132). Os modelos de política social de Titmuss são: o Modelo Residual de Bem-Estar; o Modelo de Produtividade e Desempenho Industrial (*the Industrial Achievement-Performance Model*) e o Modelo Redistributivo Institucional.[23] Antes de apresentarmos as características de cada um desses modelos, é importante sublinhar que se trata de **tipos-ideais** divergentes, isto é, que os modelos devem ser vistos como instrumentos heurísticos.

a) O modelo residual

Nesse tipo-ideal, a provisão pública de bem-estar permanece restrita a um nível mínimo, uma vez que se concebe que as necessidades individuais são mais adequadamente satisfeitas por intermédio de duas instituições "naturais", ou socialmente construídas: o mercado e a família. Seria desejável que os indivíduos recorressem aos mecanismos públicos de provisão de bem-estar

---

(22) Em um trabalho anterior, intitulado *The Social Division of Welfare* (1958), Titmuss já havia dado uma contribuição fundamental para os estudos sobre a política social, ao afirmar que, além da provisão social definida por lei, há três outras formas de obrigação institucional com o bem-estar humano: as políticas fiscais (deduções e créditos fiscais), os serviços de bem-estar ocupacional e a ajuda privada ou voluntária (assistência, caridade, ajuda mútua) (*apud* OLSSON, 1993a). Todas essas formas atuam concomitantemente na maioria dos países, mas seu alcance e composição são muito variáveis. Ainda que essa distinção não esteja explicitamente contida em sua tipologia das políticas sociais (da qual se faz adiante uma breve apresentação), é importante observar que, em grande medida, o grau de complexidade das experiências de construção analítica de modelos do *welfare state* constituiu-se em um argumento a favor do exame das diversas combinações possíveis entre a provisão de bem-estar pública, a privada e a ocupacional.
(23) É importante notar que Titmuss não foi completamente inovador, pois Wilensky e Lebeaux (1958) já haviam proposto, muito tempo antes, a distinção entre a provisão de bem-estar marginal/residual e a abrangente/institucional. Contudo, além de transformar a dicotomia em uma tricotomia, Titmuss aprofundou essas categorias, tendo formulado a primeira tipologia dos Estados de Bem-Estar Social.

apenas quando o mercado e a família deixam de cumprir seus papéis. Nesse momento, tais mecanismos podem ser acionados, mesmo assim, apenas temporariamente.

Atribui-se ao Estado um papel marginal, do ponto de vista da oferta de benefícios e serviços sociais (ou do financiamento e/ou gestão das políticas sociais coletivas), enquanto as instituições privadas do mercado desempenham um papel preponderante. O Estado é encarregado de proporcionar um nível mínimo de proteção social a uma pequena parcela da população, qual seja, aos muito pobres. Os mecanismos de redistribuição implementados administram um fluxo relativamente pequeno de recursos da coletividade para a assistência social pública, e a concessão de benefícios depende da comprovação de carência. Porém, a assistência pública só é fornecida àqueles que se disponham a "ajudar a si mesmos". Esse pressuposto traz implícita a distinção entre os pobres que merecem proteção e os pobres que não merecem. Titmuss cita uma declaração que pode ser tomada como a máxima do modelo: "o verdadeiro objetivo do Estado de Bem-Estar Social é ensinar as pessoas a viverem sem ele" (TITMUSS, 1974, p. 31).

b) O modelo de produtividade e desempenho industrial

Embora esse modelo atribua um papel predominante às instituições privadas de mercado, os mecanismos estatais de proteção social cumprem um papel significativo, na medida em que são considerados complementares à economia. As necessidades individuais devem ser supridas de acordo com o mérito, a produtividade e o desempenho no trabalho. A definição dos beneficiários e o cálculo do impacto esperado das políticas sociais são pautados pela ideia de concessão de incentivos e de recompensas, levando em consideração o empenho individual. No "mundo real", essa concepção teria dado origem à vinculação do valor dos benefícios ao nível de renda do beneficiário.

c) O modelo redistributivo institucional

As instituições públicas de bem-estar social assumem um papel essencial nesse modelo. Os serviços e benefícios são proporcionados de forma universalista, independentemente do mercado e tomando por base o princípio da necessidade. O bem-estar individual é visto como responsabilidade da coletividade e a meta é alcançar uma maior igualdade entre os cidadãos. Segundo Titmuss, trata-se "basicamente de um modelo que comporta sistemas de redistribuição com *command-over-resources-through-time*". Existe uma noção de mínimo social, no sentido de que todas as pessoas têm direito à cidadania plena e, portanto, a usufruir de um padrão de vida digno.

É importante destacar que, se é possível interpretar a teoria de Marshall acerca do progresso dos direitos de cidadania como uma espécie de desdobramento teórico das propostas de Beveridge para a Inglaterra, os modelos de política social de Titmuss podem ser vistos como derivados de experiências históricas distintas (OLSSON, 1993a). Em outras palavras, as fontes históricas dos três modelos apresentados como tipos-ideais são, respectivamente, a experiência norte-americana (modelo Residual), as políticas bismarckianas (modelo de Produtividade e Desempenho Industrial) e o legado de Beveridge (modelo Redistributivo Institucional).

É um tanto curioso que a tricotomia sugerida por Titmuss, que pode ser considerada um desdobramento da distinção entre provisão residual e institucional de bem-estar, formulada por Wilensky e Lebeaux em 1958, tenha passado a ser empregada, de forma recorrente, em uma versão condensada, dicotômica. Assim, as pesquisas posteriores sobre o *Welfare State* passaram a desprezar o tipo-ideal "intermediário" (da Produtividade e Desempenho Industrial), concentrando-se apenas nos modelos polares Residual *versus* Institucional.

Mesmo que se possa considerar que o uso recorrente dos modelos polares (isto é, da dicotomia Residual/Institucional) tenha significado uma simplificação excessiva e a perda da capacidade descritivo-analítica da tipologia original de Titmuss, é importante que se perceba que novas dimensões analíticas vieram a enriquecer os modelos polares. Diane Sainsbury resumiu tais dimensões, propostas em uma série de investigações empíricas, da seguinte maneira:

Quadro 1
Dimensões de Variação dos Modelos de Bem-Estar
Social Residual e Institucional

Dimensão	Modelo Residual	Modelo Institucional
Proporção da renda nacional alocada para as áreas sociais	baixa	alta
Nível dos benefícios	insuficiente	suficiente
Alcance dos benefícios e serviços definidos por lei	restritos	amplos
População coberta	minoria	maioria
Importância dos programas destinados a prevenir as situações de carência	inexistentes	grande
Tipo predominante de programa	seletivo	universal

Tipo de financiamento	contribui- ções/taxas	impostos
Papel das organizações privadas	grande	pequeno
Ideologia da intervenção do Estado	mínima	ótima
valor atribuído à distribuição de acordo com as necessidades (ideologia da distribuição)	marginal	secundária

Fonte: Sainsbury, 1991, p. 4.

Essas dimensões de variação dos modelos residual e institucional, conforme apresentadas no Quadro 1, foram testadas por Sainsbury (1991) nos seguintes países: Estados Unidos, Reino Unido, Holanda e Suécia. Suas conclusões quanto às limitações da dicotomia podem ser resumidas da seguinte maneira: se os modelos polares residual e institucional conseguem identificar de modo sistemático algumas diferenças cruciais nos sistemas de bem-estar social, eles permanecem insatisfatórios como método de classificação, uma vez que, no mundo real, todas as propriedades dos modelos aparecem combinadas. Os modelos polares simplificam demasiadamente a diversidade de arranjos encontrados na empiria. Além disso, modelos polares tendem a descrever de modo essencialmente estático sistemas que, na verdade, são dinâmicos.

Embora esses modelos sejam úteis para fins descritivos, quando se trata de formular explicações sua utilidade é praticamente nula. Ademais, a dicotomia residual/institucional restringe o alcance da análise, uma vez que são destacados pares de categorias concebidas como oposições. É o que acontece, por exemplo, com as categorias: benefícios focalizados ou universais e fundos de financiamento provenientes de contribuições/taxas ou de impostos. Com relação ao primeiro par de oposições, onde se encaixariam os benefícios proporcionais à renda? Relativamente ao financiamento das políticas sociais, cabe perguntar quem são os contribuintes, qual o nível das taxas e como se organiza o sistema de tributação.

A construção da dicotomia elege como variável fundamental a extensão da responsabilidade estatal pela provisão de bem-estar social. Outros tipos de variações, portanto, tendem a ser desconsiderados. Questões importantes como a forma, a finalidade e a lógica da intervenção estatal, bem como as estratégias e o alcance da redistribuição, permanecem obscuras. Como os modelos polares enfatizam aspectos básicos, pouca atenção é conferida às consequências das políticas e ao impacto efetivo da proteção social proporcionada. Ainda que Sainsbury tivesse concluído sua análise questionando a superioridade da tricotomia sobre a dicotomia, é certo que a tricotomia formulada por Esping-Andersen, embora não seja capaz de oferecer uma alternativa a todas as

Capítulo 2

limitações e deficiências apontadas acima, parece representar um avanço nas experiências de construção de tipologias do *Welfare State*.

3.4. Redimindo as tricotomias: os três mundos do bem-estar capitalista de Esping-Andersen

O livro *The Three Worlds of Welfare Capitalism*, de Esping-Andersen, foi publicado em 1990 e logo se tornou uma das obras que mais influenciaram as pesquisas sobre o *Welfare State* durante a década de 1990. A razão de este trabalho ter se tornado referencial é que ele, baseando-se na comparação de uma ampla gama de informações e dados referentes a vários países industrializados, propôs uma revisão conceitual e teórica do *Welfare State*, distinguindo três diferentes "regimes do Estado de Bem-Estar Social" (*Welfare State regimes*), os quais, em essência, correspondem à tipologia das políticas sociais e dos sistemas de bem-estar de Titmuss.

Quanto à filiação de *The Three Worlds of Welfare Capitalism* às principais teorias explicativas da expansão do Estado de Bem-Estar Social, inventariadas na primeira parte deste ensaio, Esping-Andersen não deixa margens à dúvida. Sua perspectiva é a dos "recursos de poder": "o tema principal de nossa análise [...] é que a história das coalizões políticas de classe é a causa mais decisiva da variação entre os Estados de Bem-Estar Social" (1990: p.1). Entretanto, a obra consiste numa sofisticada reelaboração da perspectiva original dos recursos de poder, posto que a relação entre a força política da esquerda e o gasto social aparece mediada pela influência dos arranjos institucionais; além disso, o autor dá uma ênfase especial ao impacto redistributivo das políticas sociais.

A expressão "regimes do Estado de Bem-Estar Social" (*Welfare State regimes*) é empregada com o intuito de se evitar a usual associação, muitas vezes equivocada, entre o conceito de "Estado de Bem-Estar Social" e as políticas convencionais de melhoria das condições sociais. A definição de Esping-Andersen procura superar a estreiteza da perspectiva das "políticas sociais/ *Welfare State*", agregando questões como emprego, salários, controle macroeconômico e a influência dos mecanismos de bem-estar na estrutura geral da sociedade. Sua proposta de revisão conceitual, portanto, enfatiza que o uso exclusivo de variáveis tais como o nível do gasto social obstaculiza uma plena compreensão da expansão do Estado de Bem-Estar Social e do seu impacto social efetivo. Nas palavras do próprio autor, "nosso objetivo último é 'sociologizar' o estudo do *Welfare State*" (1990, p. 3). As principais ferramentas utilizadas para ampliar o escopo analítico são as variáveis "desmercantilização" (*de-commodification*) e "estratificação social" (o peso específico dos setores público e privado na provisão de bem-estar também é analisado, mas de maneira menos sistemática).

Pelo termo "desmercantilização", o autor entende a possibilidade de os indivíduos e famílias "manterem um padrão de vida aceitável independentemente da participação no mercado. Na história das políticas sociais, os conflitos geralmente se travaram em torno do nível permissível ao indivíduo de isenção do mercado, isto é, da capacidade, alcance e qualidade dos serviços sociais. Quando o trabalho está mais perto da livre escolha do que da necessidade, a desmercantilização pode significar desproletarização" (1990, p. 37).

Em relação à variável "estratificação social", é importante acentuar que a análise de Esping-Andersen reproduz, em um certo sentido, a argumentação dos neoinstitucionalistas, que ressaltam o papel estruturador das instituições. Assinalando que as relações entre cidadania e classe social foram negligenciadas pelos teóricos do Estado de Bem-Estar Social e pelas pesquisas empíricas, ou seja, que o legado do trabalho pioneiro de Marshall não foi inteiramente explorado, Esping-Andersen preocupa-se em verificar o tipo de estratificação gerado pelos diferentes regimes do *Welfare State*. O viés institucionalista do autor é resumido na seguinte passagem: *"O Estado de Bem-Estar Social não é somente um mecanismo que intervém e possivelmente corrige a estrutura das desigualdades; constitui, em si mesmo, um sistema de estratificação. É uma força ativa no ordenamento das relações sociais"* (1990, p. 23).

Escapa aos objetivos desta breve apresentação analisar os indicadores elaborados por Esping-Andersen com a finalidade de aferir o grau de desmercantilização e o tipo de estratificação social engendrada. É suficiente lembrar que os *Welfare States* analisados formaram três diferentes tipos de regime, denominados "liberal", "conservador ou corporativista" e "social-democrata". Esses "arranjos qualitativamente diversos entre Estado, mercado e família" — e note-se que a tipologia original de Titmuss também pretendia descrever os papéis atribuídos a essa tríade — e as variações internacionais nos direitos sociais e na estratificação engendrada pelo *Welfare State* são sintetizados da maneira que se segue na tipologia proposta por Esping-Andersen (1990, p. 26-29):

a) Regime "liberal"

Nesse regime, predominam os benefícios proporcionados mediante comprovação de carência, sendo as transferências universais modestas. Assim, os benefícios são, via de regra, focalizados, destinados a uma clientela de baixa renda, basicamente formada por indivíduos da classe operária. A assistência pública é mantida em um nível mínimo, a fim de não se constituir em desestímulo à participação do indivíduo no mercado de trabalho. Seus beneficiários são frequentemente estigmatizados. O Estado incentiva o mercado a prover bem-estar, seja pelo fato de garantir apenas uma exígua provisão pública direta e/ou por subsidiar mecanismos privados de bem-estar e de proteção social. Assim, o grau de desmercantilização dos indivíduos resultante dessas políticas é muito baixo. Os direitos sociais são limitados e o tipo de estratificação fomentada "é um misto de uma relativa igualdade na pobreza entre os beneficiários do sistema, proteção diferenciada pelo mercado para as maiorias e um dualismo político de classe entre os dois" (1990, p. 27). Os países que se agruparam para formar essa modalidade de regime, e que podem ser considerados como seus arquétipos, são os Estados Unidos, o Canadá e a Austrália.

b) Regime "conservador" ou "corporativista"

No regime "corporativista", o mercado não é visto como o único responsável pela provisão de bem-estar e os direitos sociais nunca foram contestados de maneira sistemática. Não existindo a obsessão pela eficiência do mercado e por uma mercantilização quase obrigatória do indivíduo, típica do regime liberal, a herança corporativista-estatista que prevalece nos países que se agruparam para formar esse regime fez da preservação das diferenças de *status* uma questão crucial. A concessão de direitos, portanto, manteve um *bias* de classe e de *status*. Como o Estado, ao incorporar as estruturas corporativistas, estava preparado para deslocar o mercado da posição de provedor exclusivo de bem-estar, a seguridade privada e os benefícios indiretos (*fringe benefits*) não se desenvolveram muito nesse regime. Não existe, porém, o suposto de que a provisão pública de bem-estar deva ser extensiva, de modo que a intervenção estatal acentua a manutenção de diferenças de *status* e a família tem um papel essencial. Portanto, o impacto redistributivo desse modelo é bastante pequeno.

Historicamente, os países que se agruparam para formar o regime "conservador" tiveram forte influência da Igreja, mantendo o seu compromisso de preservação dos valores tradicionais da família; isso implicou a exclusão das mulheres casadas que não tinham emprego remunerado do acesso ao sistema público de bem-estar e o incentivo à maternidade. A família devia ter precedência sobre o Estado na provisão de bem-estar. Assim, não cabe esperar que serviços de assistência infantil, como creches, por exemplo, tenham prioridade na agenda política. São sobretudo países da Europa continental, como Alemanha, França, Itália e Áustria, que formam esse modelo.

c) O regime "social-democrata"

O terceiro regime, que abrange o menor número de países, caracteriza-se pela predominância de princípios universalistas na provisão pública e pela extensão da desmercantilização proporcionada pelos direitos sociais às novas classes médias. O regime é denominado a partir do reconhecimento do papel crucial da social-democracia nas reformas sociais desses países. Evitando o dualismo entre mercado e Estado, e entre classe operária e classe média, o *Welfare State* social-democrata teria promovido "uma igualdade nos mais elevados padrões [de benefícios e serviços sociais], não uma igualdade nos padrões mínimos, como se procurou fazer em outros lugares". Dessa forma, tornando disponíveis serviços de alta qualidade e benefícios generosos, garantiu-se aos trabalhadores a participação integral na qualidade dos direitos gozados pelos grupos sociais de melhor situação. A lógica do universalismo social-democrata é resumida na seguinte frase: "todos se beneficiam; todos são dependentes e todos supostamente se sentirão no dever de contribuir" (1990, p. 28).

A predominância da provisão pública de bem-estar dá-se não só em detrimento do livre jogo das forças do mercado, mas também em detrimento da família tradicional. Os custos de manutenção de uma família e de criação dos filhos também devem ser partilhados. O objetivo é fomentar a capacidade de independência dos indivíduos e não maximizar a dependência em relação ao mercado ou à família. A fim de minimizar a dependência do mercado e da família, o *Welfare State* social-democrata compromete-se com uma pesada carga de serviços sociais.

Na visão de Esping-Andersen, uma das características mais evidentes desse regime provavelmente é a fusão entre bem-estar e trabalho. Toda a estrutura do *Welfare State* social-democrata não só está comprometida com o pleno emprego, como depende de sua manutenção. Para sustentar os níveis dos benefícios e a qualidade dos serviços, os problemas sociais devem ser minimizados e a renda maximizada. Uma política de pleno emprego seria a melhor forma de manter tal equilíbrio. O compromisso com o pleno emprego é uma peculiaridade do regime social-democrata, posto que o regime conservador não estimula as mulheres a ingressarem no mercado de trabalho e o modelo liberal está muito ocupado tentando preservar a santidade do mercado para dar atenção às questões de gênero. Os países onde estas características são mais destacadas são a Suécia, a Dinamarca e a Noruega.

Se, em trabalho anterior, Esping-Andersen (1985) fizera críticas ao funcionalismo inerente à perspectiva da "lógica da industrialização", nesse mesmo estudo (*Politics Against Markets*) ele acabou desenvolvendo, de maneira similar, uma interpretação unilinear da expansão do Estado de Bem-Estar Social, no sentido de que, se a provisão de bem-estar foi uma consequência inevitável do desenvolvimento tecnológico ("lógica da industrialização"), *Welfare States* generosos, abrangentes e solidaristas teriam sido o resultado de uma esquerda forte. Mas essa interpretação dos argumentos anteriores desse autor, que é sugerida por Peter Baldwin (1992), só será válida se não se reconhecer que, já em seus primeiros trabalhos, Esping-Andersen destacava a importância e o impacto diferenciado de arranjos institucionais distintos. Isso significa que a linearidade criticada não é a que prediz que quanto maiores forem os recursos de poder da classe operária, maior será o impacto redistributivo das políticas sociais. Dada a estrutura institucional e de poder, níveis semelhantes de mobilização da classe operária poderão levar a resultados muito diferentes.

O problema não é que Esping-Andersen tenha modificado significativamente sua argumentação de *Politics Against Markets* (1985) para *The Three Worlds of Welfare Capitalism* (1990). Na verdade, ele a recontextualizou. "A questão a ser respondida não é mais por que razão o resto do mundo não é igual à Suécia, mas por que é diferente. De um caminho único para o Estado de Bem-Estar Social, temos agora três trajetórias e configurações possíveis, entre as quais a via social-democrata é apenas uma. O objetivo de Esping-Andersen não é mais medir todos os *Welfare States* pelo padrão inaplicável de quanto despendem com política social, mas entender as diferentes propriedades de cada um, a maneira como gastam, no montante em que o fazem" (BALDWIN, 1992, p. 702). Essa mudança de objetivos demonstra a falácia, usual entre *policy-makers* e cientistas sociais, de se tratar o *Welfare State* escandinavo em geral, e o sueco em particular, não só como instituições "maduras", mas como "modelos" e exemplos a serem seguidos pelos outros países. Portanto, o uso da palavra "maduro", no sentido de "plenamente crescido e desenvolvido", pode ser enganador, na medida em que pode induzir à interpretação de que aquela conformação estatal seja o resultado inevitável de um processo natural.

Note-se que, se Esping-Andersen também tem a intenção de analisar as inter-relações entre Estado, mercado e família, no que diz respeito à provisão de bem-estar, em uma perspectiva comparativa, o regime de um país é analítica e empiricamente definido muito mais segundo a **predominância** do mercado ou do Estado do que segundo qualquer **configuração** peculiar entre mercado, Estado e família (BUSSEMAKER; KERSBERGEN, 1994, p. 15). A consequência é que a contribuição da família para a provisão global de bem-estar continua subavaliada no trabalho de Esping-Andersen. Essa crítica, sugerida e desenvolvida por autoras feministas, será discutida na próxima seção.

Mesmo que Esping-Andersen tenha sido cauteloso ao admitir que "não existe um só caso puro", isto é, que, de acordo com as variáveis analisadas, os países foram agrupados para formar os três regimes, concebidos como tipos ideais, estudos recentes sugerem uma série de modificações possíveis nos regimes por ele sugeridos, ou o reconhecimento de subdivisões. Castles e Mitchell, por exemplo, propuseram uma diferenciação entre dois regimes liberais de bem-estar social: os orientados para o mercado, nos quais a provisão pública é residual (Estados Unidos e Japão) e os "radicais", ou *lib-lab*, herdeiros do universalismo Beveridgeano (Reino Unido, Austrália e Nova Zelândia) (CASTLES; MITCHELL, 1990, *apud* OLSSON, 1993, p. 33). Stephan Leibfried (1993) sugeriu a necessidade de que sejam reconhecidas as especificidades da "margem latina" [*Latim Rim*], caracterizada por um *"Welfare State* rudimentar".

O Estado de Bem-Estar Social no Século XXI

A insatisfação com categorizações que se revelam arbitrárias ou com as implicações analíticas da seleção de variáveis pode, de fato, obscurecer a relevância de se estabelecerem tipologias dos *Welfare States*. Quando o foco de análise concentra-se nas particularidades e no contexto histórico, o quadro resultante pode ser do agrado dos historiadores, mas a comparabilidade entre as diversas experiências nacionais certamente estará comprometida. Um livro organizado por Francis Castles (1989), intitulado *The Comparative History of Public Policy*, pode exemplificar o fato de que, dependendo da abordagem adotada, em lugar de "três mundos" do bem-estar capitalista, poderíamos ter tantos quantos são as nações (BALDWIN, 1992).

Talvez a crítica das teorias e modelos do *Welfare State* de maior impacto no universo acadêmico contemporâneo seja a crítica feminista. A seguir, faço uma breve exposição da argumentação feminista.

4. Um olhar de gênero sobre o **Welfare State**: *a mudança de paradigma ensejada pela crítica feminista*

Certamente não seria apropriado apresentar e discutir aqui as principais correntes do pensamento feminista[24]. Contudo, em relação às análises feministas do *Welfare State*, podemos recordar duas perspectivas polares que evidenciam a inexistência de uma abordagem feminista unívoca (ou o fato de que as mulheres têm sido sensíveis à diferença entre os *Welfare States* residual/liberal e institucional/social-democrata). As mulheres que participaram dos movimentos reivindicatórios das décadas de 1960 e 1970 nos Estados Unidos carregavam durante as manifestações cartazes que diziam: "Obrigada por Nada" (KORNBLUH, 1996, p. 172). Do outro lado do Atlântico, porém, uma pesquisadora feminista cunhou a expressão, um tanto controvertida, "Estado favorável às mulheres" [*woman-friendly state*], para designar os *Welfare States* social-democratas da Escandinávia, que haviam instituído uma série de mecanismos de provisão social supostamente vantajosos para as mulheres (HERNES, 1987a e 1987b).

Na realidade, o diálogo efetivo entre as *scholars* feministas e o *"mainstream"* das ciências sociais é um fenômeno recente. Pode-se sugerir a seguinte explicação para o caráter tardio desse diálogo: as pesquisadoras feministas tiveram primeiro que "trilhar o seu caminho" através das teorias e dos procedimen-

---

(24) Segundo a definição feminista tradicional, entende-se por **gênero** as diferenças estruturais, relacionais e simbólicas entre mulheres e homens. Essa definição deu às análises feministas um quadro de referências comum: o esforço das pesquisadoras era o de estudar as relações sociais entre homens e mulheres a partir de uma perspectiva centrada na mulher, devendo tais relações ser entendidas como socialmente construídas.

tos acadêmicos estabelecidos antes de alcançarem o *status* de interlocutoras "respeitáveis". Outra explicação para o reconhecimento mútuo tardio entre a perspectiva feminista e a *mainstream* é que o diálogo talvez tenha sido prejudicado pelas diferentes estratégias analíticas adotadas.

De acordo com Ann Shola Orloff (1993, p. 304), a teorização feminista sobre o Estado de Bem-Estar Social é derivada, basicamente, de duas vertentes que, originalmente, não estavam engajadas no debate travado entre os pesquisadores que realizavam investigações empíricas sobre o *Welfare State*. Essas duas vertentes eram: a) a abordagem feminista socialista, que procurava interpretar pela ótica do gênero as análises marxistas acerca de determinadas especificidades do sistema capitalista que o *Welfare State* supostamente reforça. Essa perspectiva sublinhava as relações entre o capitalismo e o patriarcado; b) os estudos feministas sobre a teoria liberal e a teoria da democracia, que criticavam os "pais fundadores" e seus seguidores, que teriam negligenciado as questões de gênero na análise da cidadania e da participação política.

Só recentemente as pesquisadoras feministas que estudam o *Welfare State* ampliaram seu foco analítico, partindo de investigações empíricas sobre países isolados ou políticas sociais específicas para a realização de trabalhos de natureza comparativa. Além disso, as feministas não têm se dedicado a discutir sistematicamente os marcos de referência conceitual e as conclusões da chamada literatura "*mainstream*" (*idem*). Uma outra "distorção" da literatura feminista nesse campo é que, se as análises prevalecentes presumem que o Estado de Bem-Estar Social é um artifício construído "para tornar a sociedade mais igualitária", a ótica centrada na mulher dá ênfase à maneira como a institucionalização das políticas sociais reflete e reforça padrões de dominação e exploração. Assim sendo, o *bias* funcionalista detectado na teoria da "lógica da industrialização" e nos postulados neomarxistas tornou-se também uma característica de parte da literatura feminista, uma vez que o Estado de Bem--Estar Social passou a ser analisado como **simultaneamente** funcional para o capitalismo e para o patriarcado. Quando a análise feminista focalizava o impacto qualitativo da provisão estatal de bem-estar, presumia uma invariância na função reguladora dos *Welfare States*.

No que se refere às pesquisas sobre o Estado de Bem-Estar Social, as divergências entre a abordagem "*mainstream*" e a análise feminista começaram a ser aplacadas quando as pesquisadoras passaram a criticar a influência dos regimes de Esping-Andersen. A principal objeção das feministas é que Esping-Andersen, apesar de mostrar uma certa sensibilidade para o potencial emancipador e regulador da extensão da cidadania social, e não obstante sua declarada intenção de analisar as inter-relações entre família, mercado e Estado na provisão do bem-estar social, acabou negligenciando a perspectiva de gênero como uma questão central em sua análise da desmercantilização, da estratificação social, do emprego e do "mix" entre público e privado. Mary Langan e Ilona Ostner (1991) foram provavelmente as primeiras a indicar essa deficiência e a propor um enfoque feminista para a análise dos modelos de Esping-Andersen (e também para os de Stephan Leibfried).

O argumento de Langan e Ostner, que tem sido reelaborado pela literatura mais recente, é que os regimes sugeridos por Esping-Andersen podem ser úteis para o desenvolvimento da perspectiva centrada na mulher, ou seja, a análise feminista poderia tomar por base aquela tipologia não só com o objetivo de engendrar o diálogo entre as duas abordagens, mas também com o intuito de se investigar a fundo o modo como diferentes regimes de bem-estar social afetam a participação das mulheres no mercado de trabalho, sua mobilidade social e sua posição na família.

Na opinião de Langan e Ostner, todavia, nenhum dos regimes detectados conseguiu equacionar de maneira satisfatória os papéis das mulheres como trabalhadoras, como mães e como responsáveis pelo lar e pelos membros mais vulneráveis da família. Diferentes regimes de bem-estar afetam de maneira distinta as mulheres, mas todos eles, conferindo-lhes um papel político e econômico como benesse e não como direito, concederam-lhes uma "cidadania incompleta".

A elaboração de uma abordagem que estimule a cooperação entre o *mainstream* da ciência social e as perspectivas feministas, tentando reformular as concepções e teorias estabelecidas para incluir tanto os homens quanto as mulheres, não é, porém, a única estratégia adotada por pesquisadoras feministas para examinar, dando primazia à questão de gênero, o Estado de Bem-Estar Social. Algumas autoras afirmam que as teorias prevalecentes são essencialmente equívocas e que é preciso desenvolver modelos e teorias alternativos se se deseja fazer uma análise séria da mulher como beneficiária e cliente dos serviços sociais, como trabalhadoras assalariadas e como donas de casa (SAINSBURY, 1994b). Exemplos da primeira abordagem são os estudos de Borchorst (1994), Bussemaker e Kersbergen (1994), Daly (1994), O'Connor (1993 e 1996) e Orloff (1993); o trabalho de Lewis (1992) exemplifica a segunda perspectiva.

Nos parágrafos seguintes, em vez de apresentar e discutir cada crítica e cada trabalho separadamente, destaco as principais características da estratégia feminista de reconstrução das teorias e tipologias *mainstream* do Estado de Bem-Estar Social. Concluo este ensaio com a apresentação dos modelos alternativos sugeridos por Jane Lewis.

Sainsbury (1994b) afirma que estudos comparativos recentes, elaborados por pesquisadoras feministas preocupadas em examinar o *Welfare State* pela ótica do gênero, isto é, em fundar uma perspectiva centrada na mulher, têm em comum pelo menos cinco preocupações: a) há uma demanda unânime de que tanto o trabalho remunerado quanto o doméstico, não remunerado, sejam incluídos nas análises sobre o Estado de Bem-Estar Social; b) o conceito de desmercantilização de Esping-Andersen deve ser reformulado para que ele possa ser adequadamente aplicado tanto aos homens quanto às mulheres; c) embora o desafio de aproximar o *mainstream* e a análise feminista esteja sendo enfrentado com seriedade, ainda são pouco desenvolvidas as pesquisas comparativas sistemáticas acerca do impacto de diferentes *Welfare States* sobre a condição da mulher; d) os estudos que enfrentaram o desafio de comparar os regimes de bem-estar social a partir de uma perspectiva centrada na mulher sugerem que as tipologias propostas por Esping-Andersen e por outros analistas considerados do *mainstream* tanto podem se assemelhar aos "regimes de gênero" quanto apresentar importantes divergências; e, por último, e) os estudos feministas mostram que a divisão do trabalho entre os sexos e as ideologias de gênero influenciam a provisão de proteção social e que, inversamente, as políticas sociais afetam de maneira distinta as condições de vida de homens e mulheres nos diferentes tipos de Estado de Bem-Estar Social. Esses argumentos são discutidos a seguir.

Quanto à integração do trabalho doméstico não remunerado, geralmente executado pelas mulheres, às teorias e tipologias do *Welfare State*, sugeriu-se que se a provisão de bem-estar fosse de fato analisada de acordo com os diferentes papéis exercidos pelo Estado, pelo mercado **e pela família**, o trabalho doméstico não remunerado não poderia nunca ser negligenciado. Esping-Andersen, por exemplo, apesar de defender a necessidade de se investigar a interação entre esses três provedores de bem-estar, acabou relegando a um segundo plano o papel da família[25]. Aliás, chegou-se a alegar que a elaboração de regimes não só menospreza o papel das famílias (e das mulheres), como "acentua, de maneira extremamente distorcida, a extensão em que os Estados (o "público"), mais do que os mercados (o "privado"), provêem bem-estar" (BUSSEMAKER; KERSBERGEN, 1994, p. 13). Isso é verdade até porque a elaboração de tipologias defronta-se com grandes dificuldades para explicar a prestação "privada" de assistência e de serviços em associações voluntárias e semipúblicas.

Na realidade, a alegação das feministas de que o trabalho não remunerado deveria ser levado em consideração é derivada da crítica de que não só a classe, mas também a questão de gênero, devem ser examinadas no processo de construção da cidadania. Quando a noção de cidadania é ampliada para incluir as questões de gênero, torna-se evidente que o *status* de cidadão não se ancora apenas em direitos e deveres no domínio privado das atividades

---

(25) Na verdade, em um estudo posterior, Esping-Andersen, aceitando esta crítica, procura sanar o problema. Ver Esping-Andersen, 2000. Para uma resenha crítica deste trabalho, ver Faria, 2002.

econômicas e na esfera pública das decisões democráticas, mas também na esfera doméstica, onde as responsabilidades de assistência e prestação de serviços ocupam um espaço tão proeminente. Há um considerável número de trabalhos sobre política social mostrando que a dedicação individual (leia-se: das mulheres) às tarefas domésticas tende a excluir quem delas se ocupa da cidadania social. Quando as pessoas que realizam essas tarefas não são excluídas, as responsabilidades inerentes a esse tipo de assistência implicam uma identidade específica de cidadania, uma vez que a cidadania plena significa direitos iguais, igualdade de participação e de acesso ao processo decisório, e esses princípios de igualdade devem ser válidos não só para as diferentes classes, mas também para ambos os sexos (*idem*). Contudo, o argumento das feministas não é apenas que o trabalho não remunerado impede as mulheres de usufruir da plenitude dos direitos de cidadania; sua reivindicação também é a de fazer com que a atividade de assistência e de prestação de serviços domésticos (*care work*) seja entendida como útil e valiosa para a sociedade.

O reconhecimento de que o trabalho não remunerado tem sido negligenciado pelas pesquisas do *mainstream* suscita a questão de se saber até que ponto a noção de "desmercantilização" de Esping-Andersen é adequada quando se deseja atribuir uma perspectiva de gênero às teorias e modelos do Estado de Bem-Estar Social. Se as políticas sociais têm a capacidade potencial de "libertar" os indivíduos de uma dependência absoluta do mercado, isto é, se podem desmercantilizar os assalariados, elas também podem impor **ou** atenuar a dependência econômica da dona de casa em relação ao marido que sustenta a casa. Por conseguinte, o conceito de desmercantilização, que ressalta o impacto do trabalho assalariado e dos mecanismos de manutenção da renda e subestima o papel do trabalho não remunerado, não seria uma ferramenta confiável quando se busca entender tanto a dependência do mercado **quanto** a dependência da família.

Argumenta-se que um conceito de desmercantilização centrado na mulher deveria medir até que ponto o indivíduo ou as famílias "podem manter um padrão de vida socialmente aceitável independentemente da participação no mercado" (ESPING-ANDERSEN, 1990, p. 37), **e** até que ponto o indivíduo (leia-se: a mulher) pode manter um padrão de vida socialmente aceitável independentemente do salário do cônjuge, ou independentemente do volume de suas tarefas domésticas. Porém, não se deve interpretar essa crítica como um simples apelo à elaboração de categorias sensíveis ao impacto das políticas sociais sobre as mulheres, tanto no que diz respeito ao seu trabalho remunerado quanto ao não remunerado. O que é necessário, segundo esse argumento, é uma "explicação teórica do caráter de gênero das várias formas de dependência em relação a determinadas esferas sociais" (BUSSEMAKER; KERSBERGEN, 1994, p. 17).

72 Capítulo 2

Como o conceito de desmercantilização de Esping-Andersen inclui quase que exclusivamente a dependência em relação ao mercado, e como ambos os termos "desmercantilização" e "mercadoria" implicam relações de mercado, Julia O'Connor (1993) propôs duas novas denominações para o conceito, dando conta de ambas as formas de dependência, isto é, do mercado e dos contratos maritais: "autonomia pessoal" ou "insulamento da dependência".

As limitações conceituais do termo "desmercantilização" decorrem do fato de que quando se tenta aplicá-lo igualmente a mulheres e homens com o intuito de se verificar até que ponto o *Welfare State* minimiza a dependência individual, logo nos deparamos com o seguinte dilema: políticas que, por exemplo, ajudam as mulheres a combinar o trabalho assalariado com a maternidade mercantilizam ou desmercantilizam as mulheres? Quando o *Welfare State* incentiva as mulheres a participarem do mercado de trabalho, pode-se dizer que elas acabam trocando a dependência em relação ao contrato conjugal pela dependência do contrato de trabalho. Se o *Welfare State* emprega maciçamente mulheres, como acontece nos países nórdicos, ou se as mulheres se dedicam ao trabalho remunerado porque o Estado fornece serviços como creches — como também é o caso dos países escandinavos —, isso não significaria uma "transição da dependência em relação ao privado para uma dependência do público"? (HERNES, 1987b).

Pode-se ainda argumentar que os regimes liberal e conservador de *Welfare State*, sobretudo este último, ao apoiarem decisivamente o modelo familiar da dona de casa e do marido provedor, na realidade contribuem para a desmercantilização das mulheres (BORCHORST, 1994). Por isso, certas pesquisadoras feministas têm alegado que a simples reformulação do conceito de desmercantilização não seria suficiente, pois é preciso enfatizar as diferentes formas de dependência. O conceito de "autonomia pessoal", de O'Connor, parece dar conta dessas diferenças.

Além disso, não é só o conceito de desmercantilização que parece cego às questões de gênero. A maneira como os analistas *mainstream* tratam o impacto da provisão pública sobre a estratificação social também tende a descuidar do fato de que as políticas sociais afetam de modo diverso homens e mulheres[26]. Como a noção prevalecente de estratificação social abarca sobretudo o grau de desigualdade entre os homens que trabalham, conclui-se, equivocadamente, que os padrões de estratificação percebidos são equivalentes às relações estratificadas entre os sexos e entre diferentes grupos étnicos. Segundo Bussemaker e Kersbergen (1994), o que se precisa é de um conceito de estratificação que

---

(26) O livro *Gender, Equality and Welfare States*, de Sainsbury (1996), é uma importante resposta a essa crítica, sendo uma das primeiras análises comparativas sistemáticas da maneira como são tratadas as mulheres e os homens em diferentes regimes de bem-estar social.

inclua não só os efeitos das relações capitalistas de mercado e da *performance* do indivíduo no mercado, mas também toda a sorte de diferenciações sociais e o pluralismo cultural.

Se a crítica feminista ao *mainstream* das teorias e tipologias do Estado de Bem-Estar Social é realmente pertinente, e há indicações de que a pesquisa comparativa dominante vem cada vez mais reconhecendo a pertinência dessa crítica[27], não se pode deixar de considerar que esse início de diálogo efetivo é melhor compreendido como uma fertilização recíproca. Visto que os primeiros estudos feministas se propunham basicamente a demonstrar que o Estado de Bem-Estar Social era apenas um outro foco de opressão das mulheres, eles não elaboraram de maneira satisfatória um quadro teórico de referências para uma análise de gênero sensível às variações históricas. "Ou seja, como as análises convergiam em grande parte, embora não exclusivamente, para as mulheres, o papel dos *Welfare States* na construção das diferenças sistemáticas entre homens e mulheres foi subavaliado. Além disso, os estudos feministas tendiam a produzir um modelo genérico de Estado de Bem-Estar, por isso mesmo fracassando na comprovação de diferenças entre e dentro dos sistemas de bem-estar" (DALY, 1994, p. 105). Portanto, foi principalmente depois que as análises feministas começaram a reconhecer as vastas implicações e o potencial das experiências *mainstream* de construção de tipologias que se deu início à tarefa de analisar o gênero e os regimes de bem-estar social. Por conseguinte, é preciso admitir a atual carência de pesquisas comparativas sistemáticas sobre gênero e regimes de bem-estar.

Entretanto, investigações comparativas recentes que procuram distinguir "regimes de gênero" ou ampliar os modelos *mainstream* com a finalidade de compensar sua falta de sensibilidade para as questões de gênero têm chegado a resultados ambíguos: análises empíricas têm demonstrado que os regimes de gênero ao mesmo tempo correspondem e diferenciam-se das tipologias convencionais. Não é intenção deste ensaio discutir tais conclusões. Somente para dar um exemplo, pode-se mencionar o estudo de Faria (1998) sobre um dos mais importantes instrumentos de política social capaz de permitir que as mulheres combinem a maternidade com o trabalho assalariado: o acesso a creches. Nesse artigo, os regimes de Esping-Andersen foram utilizados numa tentativa de se comparar o sistema sueco de creches com o francês e o americano. Demonstrou-se que, se as peculiaridades da oferta desses serviços

---

(27) Peter Taylor-Gooby (1991), por exemplo, um dos principais pesquisadores do *mainstream* dos estudos sobre o Estado de Bem-Estar Social, admitiu que as pesquisas comparativas deveriam dar ênfase à relação crucial entre trabalho remunerado, trabalho não remunerado e bem-estar. Walter Korpi, um dos mais importantes formuladores da abordagem dos "recursos de poder", e sua equipe do Instituto Sueco de Pesquisa Social, também voltaram suas atenções para a perspectiva centrada na mulher.

na Suécia e nos Estados Unidos reiteram as características dos regimes social-democrata e liberal, respectivamente, na França a configuração de tais serviços parece indicar que há limites concretos para a aplicação dessa tipologia na análise de serviços públicos distintos daqueles empregados para a elaboração original da tipologia. Contrariando as conclusões de Siv Gustafsson (1994), que aplicou a tipologia de Esping-Andersen para avaliar os padrões de provisão de serviços de creche nos Estados Unidos, na Holanda e na Suécia, tendo constatado sua adequação, a pesquisa de Faria acaba por endossar a sugestão de Daly de que, "do ponto de vista das tarefas de assistência e prestação de serviços pessoais, os regimes de Esping-Andersen não são perfeitos" (1994, p. 110). Cabe notar, porém, que a análise comparativa dos sistemas de creches dos três países, realizada por Faria, que cobre apenas uma das questões na agenda das pesquisas centradas na mulher, ilustra a magnitude do trabalho à espera daqueles que se disponham a aceitar o desafio de "examinar os *Welfare States* com um olhar de gênero".

Antes de concluirmos este ensaio, penso que seria importante apresentarmos aqui as conclusões de Jane Lewis (1992), a qual, reconhecendo que a relação entre trabalho remunerado, não remunerado e bem-estar social deveria ser incluída nas experiências de construção de modelos do *Welfare State*, sugeriu a seguinte tipologia alternativa: países em que o padrão homem-provedor [*male-breadwinner*] é "forte", "modificado" ou "fraco".

Na concepção de Lewis, a Irlanda e a Grã-Bretanha podem ser consideradas bons exemplos de Estados em que o homem tem sido historicamente um provedor "forte". Nos dois países, a participação das mulheres no mercado de trabalho não é maciça. Quando as mulheres têm ocupação remunerada, elas geralmente trabalham em tempo parcial. Os direitos e benefícios relacionados à maternidade, bem como a provisão pública de creches, são pouco desenvolvidos, e os mecanismos de seguridade social contribuem para a manutenção das desigualdades entre maridos e esposas. As responsabilidades públicas e privadas são claramente divididas nos países em que o padrão homem-provedor é forte.

A França seria um exemplo do modelo em que o padrão homem-provedor é "modificado". Tradicionalmente, as mulheres francesas têm participado do mercado de trabalho em tempo integral; os mecanismos franceses de seguridade social têm beneficiado as mulheres indiretamente, pois é dada primazia à redistribuição horizontal entre famílias com filhos e famílias sem filhos; essa redistribuição, em grande parte, toma a forma da concessão de um salário-família. Contrariamente ao que se passou nos países em que o padrão homem-provedor é forte, na França as reivindicações das mulheres quanto ao reconhecimento de suas funções como esposas, mães e trabalhadoras assalariadas foram parcialmente atendidas e a família, mais do que as instituições coletivas, tem sido o *locus* do controle patriarcal.

O regime em que o padrão homem-provedor é "fraco" seria exemplificado pela Suécia, onde, pelo menos nas décadas de 1960 e 1970, o incentivo à família onde o homem e a mulher eram ambos provedores tornou-se política oficial da social-democracia. Diversas políticas foram projetadas e implementadas com o objetivo de incentivar as mulheres a buscar um trabalho remunerado. As mulheres suecas podem contar, dentre outros benefícios e serviços públicos, com um sistema de creches de alta qualidade, fortemente subsidiado pelo Estado, e com um generoso esquema de licença-maternidade.

Rotulando todos os seus modelos de *male breadwinner* ["homem-provedor"], Lewis quis mostrar que, não obstante a maneira distinta como as mulheres são tratadas nos três modelos, deve-se tomar cuidado ao analisar como os seus interesses têm sido equacionados de maneira mais satisfatória em certos países do que em outros. A despeito da força do movimento feminista e da lógica dos modelos, as demandas e interesses das próprias mulheres parecem não ter determinado de maneira significativa o seu *status* nos países analisados.

Atualmente, um dos maiores desafios postos aos pesquisadores do Estado de Bem-Estar Social parece ser não apenas dar continuidade à fertilização recíproca entre as análises do *mainstream* das ciências sociais e a perspectiva centrada na mulher, mas também fazer com que os autores empenhados na construção de tipologias do Estado de Bem-Estar Social encarem a tarefa de dialogar com os analistas da retração/readaptação do *Welfare State*. É preciso, ainda, chamar a atenção para as diferentes maneiras através das quais as estratégias de retração/reorientação do sistema podem influenciar a posição dos assalariados e das mulheres em uma nova ordem mundial, na qual a primazia do capital é cada vez mais evidente e impermeável.

5. Referências bibliográficas

ARRETCHE, Marta T. S. Emergência e desenvolvimento do *Welfare State*: teorias explicativas. *BIB*, n. 39, p. 3-40, 1995.

BALDWIN, Peter. *The politics of social solidarity. Class bases of the European welfare state* — 1875-1975. Cambridge: Cambridge University, 1990.

_____ . The welfare state for historians. A review article. *Comparative Study of Society and History*, v. 34, n. 4, p. 695-707, 1992.

BENNET, Colin J.; HOWLETT, Michael. The lessons of learning: reconciling theories of policy learning and policy change. *Policy Sciences,* v. 25, n. 3, p. 275-294, 1992.

BORCHORST, Anette. Welfare state regimes, women's interests and the EC. In: SAINSBURY, Diane (coord.). *Gendering welfare states*. London: Sage, 1994.

BUSSEMAKER, J.; KERSBERGEN, K. van. Gender and welfare states: some theoretical reflections. In: SAINSBURY, Diane (coord.). *Gendering welfare states*. London: Sage, 1994.

CASTLES, Francis G. *The social democratic image of society*. London: Routledge & Kegan Paul, 1978.

CASTLES, Francis G. (coord.). *The comparative history of public policy*. Oxford: Polity, 1989.

CASTLES, Francis G.; McKINLAY, R. D. Public welfare provision, Scandinavia, and the sheer futility of the sociological approach to politics. *British Journal of Political Science*, v. 9, n. 2, p. 157-171, 1979.

COIMBRA, Marcos Antônio. Abordagens teóricas ao estudo das políticas sociais. In: ABRANCHES, S.; SANTOS, W. G.; COIMBRA, M. A. *Política social e combate à pobreza*. Rio de Janeiro: Zahar, 1987.

CUTRIGHT, Phillips. Political structure, economic development and national security programs. *American Journal of Sociology*, LXX, p. 537-550, 1965.

DALY, Mary. Comparing *welfare states*: towards a gender friendly approach. In: SAINSBURY, Diane (coord.). *Gendering welfare states*. London: Sage, 1994.

ESPING-ANDERSEN, Gøsta. *Fundamentos sociales de las economias postindustriales*. Barcelona: Ariel, 2000.

_____ . O futuro do *welfare state* na nova ordem mundial. *Lua Nova*, n. 35, p. 73-111, 1995.

_____ . *The three worlds of welfare capitalism*. Princeton: Princeton University, 1990.

_____ . *Politics against markets. The social democratic road to power*. Princeton: Princeton University, 1985.

FARIA, Carlos Aurélio Pimenta de. Novos capítulos da crônica de uma morte sempre anunciada ou a crise do *welfare state* revisitada. *Teoria & Sociedade*, Belo Horizonte: UFMG, n. 9, p. 202-229, 2002.

_____ . A criança entre o estado, o mercado e a família: o sistema sueco de creches em uma perspectiva comparada. *Dados*, v. 41, n. 2, p. 283-336, 1998.

GINSBURG, Norman. *Divisions of welfare. A critical introduction to comparative social policy*. London: Sage, 1993.

GOUGH, Ian. *The political economy of the welfare state*. London: MacMillan, 1979.

GUSTAFSSON, Siv. Childcare and types of welfare states. In: SAINSBURY, Diane (coord.). *Gendering welfare states*. London: Sage, 1994.

HENRIKSEN, Jan Peter. Some perspectives on Scandinavian welfare research. *Acta Sociologica*, v. 30, n. 3-4, p. 379-392, 1987.

HERNES, Helga Maria. *Welfare state and women power. Essays in state feminism*. Oslo: Norwegian University, 1987-a.

_____ . Women and the welfare state: the transition from private to public dependence. In: SASSOON, A. S. (coord.). *Women and the state*. London: Hutchinson, 1987-b.

KORNBLUH, Felicia A. The new literature on gender and the welfare state: the US case. *Feminist Studies,* v. 22, n. 1, p. 171-197, 1996.

KORPI, Walter. *The democratic class struggle.* London: Routledge, 1983.

_____ . Social policy and distributional conflict in capitalist democracies. *West European Politics,* v. 3, p. 296-315, 1980.

_____ . *The working class in welfare capitalism. Work unions and politics in Sweden.* London: Routledge & Kegan Paul, 1978.

LANGAN, Mary; OSTNER, Ilona. Gender and welfare. Towards a comparative framework. In: ROOM, Graham (coord.). *Towards a european welfare state?* Bristol: SAUS, 1991.

LEIBFRIED, Stephan. Towards a European welfare state? On integrating poverty regimes in the European community. In: JONES, C. (coord.). *New perspectives on the welfare state in Europe.* London: Routledge, 1993.

LEWIS, Jane. Gender and the development of welfare regimes. *Journal of European Social Policy,* v. 2, n. 3, p. 159-173, 1992.

LOGUE, John. The welfare state: victim of its success. *Daedalus,* Fall, p. 69-87, 1979.

MISHRA, Ramesh. *Society and social policy. Theories and practice of welfare.* London: MacMillan, 1977.

_____ . *The welfare state in capitalist society. Policies of retrenchment and maintenance in Europe, North America and Australia.* New York: Harvester Wheatsheaf, 1990.

O'CONNOR, James. *The fiscal crisis of the state.* New York: St. Martin's, 1973.

O'CONNOR, Julia S. Gender. Class and citizenship in the comparative analysis of welfare state regimes: theoretical and methodological issues. *British Journal of Sociology,* v. 44, n. 3, p. 501-518, 1993.

_____ . From women in the welfare state to gendering welfare state regimes. *Current Sociology,* v. 44, n. 2, p. 1-130, 1996.

OFFE, C. *Contradictions of the welfare state.* Cambridge: MIT, 1984.

OLSSON, Sven E. Models and countries. The Swedish social policy model in perspective. In: OLSSON, S. E. *et al. Social security in Sweden and other European countries. Three essays.* Stockholm: Finansdepartementet (Ds 1993:51), 1993-a.

_____ . *Social policy and welfare state in Sweden.* Lund: Arkiv Förlag, 1993-b.

_____ . Welfare state research inc. — the growth of a crisis industry. *Acta Sociologica,* v. 30, n. 3-4, p. 371-378, 1987.

ORLOFF, Ann Shola. Gender and the social rights of citizenship: the comparative analysis of gender relations and welfare states. *American Sociological Review,* v. 58, n. 3, p. 303-328, 1993.

PEDERSEN, Susan. *Family, dependency, and the origins of the welfare state. Britain and France, 1914-1945.* Cambridge: Cambridge University, 1993.

PIERSON, Paul. The new politics of the welfare state. *World Politics,* v. 48, n. 2, p. 143-176, 1996.

_____ . When effect becomes cause. policy feedback and political change. *World Politics,* v. 45, n. 4, p. 595-628, 1993.

PRZEWORSKI, A. *Capitalismo e social-democracia.* São Paulo: Cia. das Letras, 1989.

QUADAGNO, Jill. Theories of the welfare state. *Annual Review of Sociology,* v. 13, p. 109-128, 1987.

ROTHSTEIN, Bo. Labor market institutions and working class strength. In: STEINMO, S.; THELEN, K.; LONGSTRETH, F. (coords.). *Structuring politics. Historical institutionalism in comparative analysis.* Cambridge: Cambridge University, 1992.

RUGGIE, Mary. *The state and working women. A comparative study of Britain and Sweden.* Princeton: Princeton University, 1984.

SAINSBURY, Diane. Analyzing welfare state variations: the merits and limitations of models based on the residual-institutional distinction. *Scandinavian Political Studies,* v. 14, n. 1, p. 1-30, 1991.

_____ . Introduction. Gendering welfare states. In: SAINSBURY, Diane (coord.). *Gendering welfare states.* London: Sage, 1994-a.

SAINSBURY, Diane (coord.). *Gendering welfare states.* London: Sage, 1994-a.

SALISBURY, Robert H. The analysis of public policy: a search for theories and roles. In: RANNEY, Austin (coord.). *Political science and public policy.* Chicago: Markham, 1968.

SALISBURY, Robert; HEINZ, John. A theory of policy analysis and some preliminary applications. In: SHARKANSKY, Ira (coord.). *Policy analysis in political science.* Chicago: Markham, 1970.

SKOCPOL, Theda. *Protecting soldiers and mothers. The political origins of social policy in the United States.* Cambridge: Belknap Press of Harvard University, 1992.

STEPHENS, John D. *The transition from capitalism to socialism.* London: Macmillan, 1979.

TAYLOR-GOOBY, Peter. Welfare state regimes and welfare citizenship. *Journal European Social Policy,* v. 1, n. 2, p. 93-105, 1991.

TITMUSS, Richard M. *Social policy. An introduction.* London: George Allen & Unwin, 1974.

WILENSKY, Harold L. *The welfare state and equality. Structural and ideological roots of public expenditures.* Berkeley: University of California, 1975.

WILENSKY, H. L.; LEBEAUX, C. N. *Industrial society and social welfare.* New York: The Free, 1958.

CAPÍTULO 3

A GLOBALIZAÇÃO E O DESENVOLVIMENTO DAS POLÍTICAS SOCIAIS[1]

STEIN KUHNLE[2]

Sumário: 1. Introdução. 2. Dimensões da globalização e impacto nas políticas sociais. 2.1 Globalização econômica. 2.2. Globalização política. 2.3. Globalização cultural. 3. A globalização e o desenvolvimento das políticas sociais em perspectiva. 4. Conclusão. 5. Referências bibliográficas.

1. Introdução

O que a globalização significa para o desenvolvimento das políticas sociais? É ela uma ameaça ao desenvolvimento das políticas sociais e do Estado

---

(1) O presente trabalho foi apresentado, em inglês, no "International Summer Symposium on Social Policy", realizado na Universidade de Nankai, em Tianjin (China), no dia 30 de julho de 2005. A tradução para o português foi feita por Lorena Vasconcelos Porto.

(2) Norueguês com formação acadêmica nas áreas de Ciências Políticas, Administração Pública e Sociologia. É Professor de Ciência Política Comparada na Universidade de Bergen, na Noruega, e Professor Emérito de Política Social Comparada na Hertie School of Governance, na Alemanha.

Capítulo 3

de Bem-Estar Social? Ou a globalização é algo que torna mais viável a expansão e a consolidação das políticas sociais? A política tem importância — ou em que medida ela é importante — no âmbito nacional e no plano internacional ou global?

O título do meu trabalho requer a explicação do que entendemos por "globalização", conceito que, nos últimos 10-12 anos, passou a ser discutido em todo o mundo. Para a maioria de nós, é estranho relembrar que somente há 13 anos é que o desenvolvimento da tecnologia de informação possibilitou a abertura do uso da internet e dos *e-mails* para o público em geral. Uma revolução na comunicação global foi impulsionada, tornando-se, nos dias atuais, um pilar fundamental para outros tipos de globalização. Para dar apenas um pequeno exemplo do novo potencial tecnológico: uma rápida clicada na ferramenta de busca do "Google" na internet forneceu — em 9 de junho de 2005 — 17.600.000 referências ao conceito de *"globalization"* (com "z") e outras 5.190.000 ao conceito de *"globalisation"* (com "s"). Existem uma quantidade e uma diversidade enorme de definições e significados do conceito em tela circulando pelo mundo, de modo que poucos cliques no teclado do computador já nos fornecem, rápida e facilmente, uma visão geral.

Para mim, o conceito de globalização é dinâmico; ele implica a descrição de algo que está mudando, que está se tornando cada vez mais global e implica um verdadeiro processo. Este "algo" pode consistir em diversas coisas. De modo geral, ele se refere a um processo através do qual o Estado-nação está se tornando mais aberto a influências supranacionais (MISHRA, 2004, p. 29) ou transnacionais. Em termos gerais, ele pode se referir a todos os atores — governos nacionais, organizações não governamentais, empresas e cidadãos — tornando-se mais abertos a influências internacionais e relacionando-se e agindo sob tais influências. A globalização implica novas oportunidades para que a comunicação, o comércio, as transações econômicas e a mobilização e as ações políticas ultrapassem as fronteiras nacionais.

A globalização tem muitas dimensões e nem todas elas têm a mesma importância e impacto nos diversos Estados-nação ou regiões do mundo. Com a ajuda de exemplos extraídos da literatura sobre esse assunto, posso indicar as três maiores dimensões do conceito de globalização — a econômica, a política e a cultural — e sinteticamente listar e discutir as características de cada uma delas.

O título do meu trabalho, além disso, convida-me a discutir a relação entre os aspectos da globalização e o desenvolvimento das políticas sociais. Nesse sentido, surgirão questões interessantes sobre qual o impacto que a globalização tem tido — em alguns significados do seu conceito — no desenvolvimento das políticas sociais e qual impacto pode se esperar no futuro? Por políticas sociais, eu entendo que se tem uma ideia geral de políticas que, de vários modos, asseguram a manutenção de renda para os trabalhadores, empregados ou cidadãos — nos casos de perda ou ausência de renda —, políticas que proporcionam serviços de saúde e assistência e outras medidas que tornam possível para todos os cidadãos de um país ter acesso a um padrão de vida razoavelmente digno. Mas é claro que o que é razoável e digno para alguns ou todos será sempre contestado pelos vários atores sociais, em diversas épocas e diferentes contextos econômico, social e cultural. Problemas e desafios relativos ao bem-estar são diversos na Suécia, nos EUA, em Botswana e na China, e são percebidos de modo diferente pelos cidadãos, autoridades e outros atores, em países diversos, com níveis de desenvolvimento socioeconômico, histórias políticas e tradições culturais diferentes. Em cada uma das três dimensões da globalização, eu posso indicar como é — ou pode ser — percebida a sua capacidade de afetar o desenvolvimento das políticas sociais.

2. Dimensões da globalização e impacto nas políticas sociais

2.1. Globalização econômica

Com relação ao desenvolvimento das políticas sociais e do Estado de Bem-Estar Social, as pesquisas se concentraram na globalização econômica, isto é, nos fatores que facilitam as relações econômicas e as transações financeiras além das fronteiras nacionais e, assim, reduzem a autonomia nacional e — presumivelmente — colocam sob pressão as políticas direcionadas ao bem-estar e à proteção social. Normalmente, nós temos a globalização econômica em mente quando discutimos a globalização. Mas esse conceito pode se referir a diversos aspectos, os quais podem não ter a mesma importância para a manutenção ou expansão das políticas sociais. De acordo com Palier e Sykes (2001, p. 2-3), a globalização econômica pode significar:

— internacionalização da produção e das trocas econômicas;

— internacionalização do comércio; investimentos estrangeiros diretos;

— redes de corporações internacionais;

— abandono da regulação dos fluxos financeiros e do comércio, o que conduz ao aumento da mobilidade do capital e da propriedade, das mercadorias, dos serviços e do trabalho;

— regime diferenciado de livre competitividade no comércio em escala global;

— mercados mundiais;

— novos deslocamentos e recolocação de atividades econômicas dentro das nações e entre elas; e

— aumento da competitividade entre os países.

Não existe uma ligação direta entre esses indicadores de globalização econômica e o desenvolvimento das políticas sociais em nível nacional. Os países desenvolveram diferentes instituições para a seguridade social e o bem-estar. As heranças institucionais são diferentes, não somente quando se confrontam países ricos com países pobres, mas também quando se comparam Estados com níveis semelhantes de desenvolvimento econômico.

No momento em que vários aspectos da globalização econômica se aceleraram, a partir do final da década de 1980, os países já haviam criado regimes de Estados de Bem-Estar Social de diversos tipos e finalidades, de modo que não se poderia esperar que eles reagissem de forma idêntica aos novos desafios econômicos. As respostas das políticas sociais para tais problemas e desafios são diferentes por uma série de razões. Nesse sentido, tanto a política quanto a cultura são relevantes. É uma constatação empírica, a título de exemplo, que os governos da Europa Ocidental têm respondido diversamente aos problemas e desafios econômicos enfrentados nos últimos 20 anos. Valores, interesses a preferências políticas influenciam, por exemplo, na determinação da amplitude do papel do Estado nas questões sociais, do nível de seguridade social a ser garantido e da quantidade de igualdade desejável.

As opiniões divergem não apenas com relação a quais políticas devem ser seguidas — dados determinados valores e interesses —, mas também quanto aos prováveis efeitos advindos de tais políticas. Dois países, similarmente integrados na economia mundial e com o mesmo nível de desenvolvimento, podem, por razões políticas e culturais, desenvolverem diferentes políticas sociais. Os governos dos países escandinavos têm escolhido caminhos diversos daqueles seguidos pelos EUA e pelo Reino Unido. A Tailândia escolheu diferentemente de Hong Kong e ambos optaram de modo diverso da Coreia do Sul.

Nos países da Escandinávia, que historicamente têm sido e atualmente são economias tipicamente abertas, o setor público é grande, a tributação é elevada e as políticas sociais estão dentre as mais amplas do mundo em termos de necessidades cobertas e população abrangida. A abertura da economia é, indireta e provavelmente, um fator importante para explicar por que os eleitores, representantes políticos e governos favoreceram a extensão das políticas sociais do Estado. Estas reduzem o risco de efeitos socialmente destrutivos gerados pelos repentinos choques econômicos internacionais.

A Finlândia e a Suécia, por exemplo, recuperaram-se de forma relativamente rápida — e com um baixo custo social — das crises que sofreram no inicio da década de 1990, em grande medida graças às políticas sociais amplas e universais em vigor nesses países quando foram atingidos pela crise econômica. Os EUA, Reino Unido e Hong Kong possuem regimes tributários diversos e diferentes graus de abertura econômica e de limitações das finalidades das políticas sociais, ao passo que a Coreia do Sul optou por um papel mais ativo do Governo nessas políticas do que Hong Kong e Tailândia. Em termos comparativos, a Coreia do Sul respondeu com políticas sociais mais ativas à crise financeira de 1997 no Leste asiático e, aparentemente, obteve maiores benefícios em razão dessa escolha política (MISHRA *et al.*, coord., 2004).

Podemos observar que alguns dos mais desenvolvidos Estados de Bem-Estar Social — com o maior percentual do Produto Interno Bruto (PIB) investido em finalidades sociais e de bem-estar — se desenvolveram historicamente nas economias mais abertas ("mais globais"), como nos países escandinavos (KATZENSTEIN, 1985; ESPING-ANDERSEN, 1996). As amplas políticas sociais têm sido vistas como um modo de se proteger os mercados de trabalho internos e os cidadãos do risco da exposição a uma economia internacional volátil. Essas políticas têm sido encaradas também como um meio de incrementar o "capital humano" — fortalecendo, assim, as forças produtivas — e de contribuir para a estabilidade social e econômica, estimulando o investimento externo e o crescimento econômico. Isso é demonstrado pelo exemplo dos países escandinavos (KUHNLE; HORT, 2004). Outros estudos recentes também corroboram a constatação de que gastos elevados em políticas de bem-estar não são, de modo algum, incompatíveis com uma economia aberta e competitiva (HAY, 2005).

2.2. Globalização política

Com a expressão globalização política, podemos nos referir ao crescimento das interações políticas transnacionais, em nível governamental e entre organizações não governamentais; podemos pensar em várias questões, ideias e instituições que se tornam globais — como a democracia, os direitos humanos e a proteção do meio ambiente —, mas também em questões políticas e fenômenos de consequências obviamente negativas — para a maioria das pessoas no mundo — como a criminalidade internacional, o tráfico de armas e o terrorismo. No que tange ao bem-estar, pode-se sustentar que a seguridade e as políticas sociais — ou o "Estado de Bem-Estar Social" — vêm-se tornando gradualmente globalizadas. De fato, um número cada vez maior de países tem proporcionado vários tipos de seguridade social e serviços de saúde, de maior ou menor extensão. Quase todos os países do mundo instituíram determinado tipo de pensão para certos grupos sociais ou para os cidadãos em geral; o seguro-desemprego, ao contrário, é menos desenvolvido em nível mundial.

Costuma-se pensar que a globalização política implica o enfraquecimento dos Estados (*e. g.*, GRAY, 1998), com a perda de legitimidade política e social. Todavia, ela também implica tentativas de se recriar ou estabelecer (novas) instituições políticas internacionais (PALIER; SYKES, 2001, p. 3). Organizações internacionais como o Banco Mundial, o Fundo Monetário Internacional (FMI), a Organização para a Cooperação e o Desenvolvimento Econômico (OCDE), a União Europeia (UE) e a Organização Internacional do Trabalho (OIT), dentre outras, exercem, de várias formas, um papel nas políticas de bem-estar em nível mundial.

Algumas dessas organizações vêm, desde longo tempo, encorajando uma perspectiva global de orientação neoliberal — como o Banco Mundial, o FMI e a OCDE — enquanto que outras defendem e promovem um Estado socialmente mais ativo, como a UE e a OIT. Alguns acontecimentos ocorridos nos últimos 10 anos parecem ter enfraquecido, de certo modo, a perspectiva neoliberal, como as crises financeiras da Ásia, em 1997, e a epidemia de SARS (Síndrome Respiratória Aguda Grave). Tais acontecimentos parecem ter fortalecido a posição favorável às instituições estatais fortes e à importância do papel dos governos nacionais para o bem-estar. Deve-se novamente ressaltar que especialistas e atores políticos, como os governos, os partidos políticos e as organizações internacionais, podem, por várias razões, ter perspectivas diferentes sobre os efeitos de vários tipos de políticas sociais para o alcance de determinados objetivos sociais, políticos e econômicos. As políticas são os resultados de conciliações entre diferentes valores, interesses e resultados esperados. Nenhum determinismo — seja econômico, seja político — é plausível.

Os programas públicos de bem-estar e os gastos sociais são frequentemente vistos como obstáculos à competitividade das economias nacionais (nesse sentido, pode-se citar diversas publicações da OCDE e do Banco Mundial, ao longo de vários anos), ao passo que tais programas e gastos podem, claramente, serem vistos também como parte de um projeto de busca de justiça social, seguridade social e igualdade, além de conduzirem a uma economia mais eficiente e produtiva, com menor insatisfação e instabilidade social. Talvez se possa afirmar que as ideias sobre o papel e a importância das políticas sociais para a competitividade econômica estão cada vez mais presentes no discurso da política social mundial, no âmbito acadêmico e nas organizações internacionais.

2.3. Globalização cultural

Por fim, podemos entender a globalização como algo associado à livre e instantânea circulação de informações e conhecimentos sobre diferentes "tipos de vida", possibilitada pelo desenvolvimento da tecnologia de informação, das telecomunicações e de outros tipos de transporte e de comunicações. Alguns se referem à globalização como "ocidentalização" ou mesmo "americanização" (SCHOLTE, 1996), vez que os EUA e o "Ocidente" têm tido uma vantagem técnica e política no que se refere à disseminação de informações, conhecimentos, ideias, instituições e produtos, em escala mundial.

Outro modo de encarar a globalização cultural é afirmar que ela implica, no mínimo, a homogeneização das culturas mundiais. Todavia, penso que podemos encontrar, empiricamente, processos de mudança ocorrendo em diferentes direções geográficas, de modo que é possível que exista a mesma quantidade de restaurantes chineses no mundo do que "McDonald's" e "Pizza Huts". Quando a "pizza de sushi" é servida no Japão, temos um exemplo da adaptação local de ideias e produtos globais, gerando novos produtos.

A globalização pode, algumas vezes, ser entendida como algo que ameaça as culturas tradicionais, locais e nacionais (PALIER; SYKES, 2001, p. 3), vez que certas ideias, crenças, conceitos, estilos de vida, produtos e padrões de consumo tornam-se globais. A globalização pode ser encarada como homogeneização e universalização, mas também como algo que aumenta a exposição do cidadão a uma variedade de ideias, instituições, produtos e modos de vida, maior do que tinha sido possível até então na história da humanidade. O ponto-chave sobre a globalização cultural é que todas as pessoas ao redor do mundo estão simultaneamente expostas, por exemplo, à mesma variedade de ideias e produtos; o mundo se torna menos heterogêneo, mas os indivíduos podem experimentar uma maior diversidade de experiências do que antes.

Explicações culturais (e políticas) podem nos ajudar a entender por que os países europeus desenvolveram, historicamente, Estados de Bem-Estar Social mais fortes do que os EUA e o porquê de existir um conceito de "Europa Social", mas não de "América Social". Alguns chegaram a sustentar (*e.g.*, RIEGER; LEIBFRIED, 2003) que os pilares históricos e culturais das sociedades do Leste asiático tornam improvável que essas sociedades desenvolvam ativamente amplas políticas sociais; no entanto, podemos observar que sistemas universais de saúde e planos de pensões abrangentes têm sido introduzidos, por exemplo, na Coreia do Sul e Taiwan (WONG, 2004). Tem-se observado também que os países do Leste e do Sudeste asiático introduziram formas de seguridade social, de um tipo ou outro, em contextos de menores níveis de industrialização e urbanização do que ocorreu historicamente nos países da Europa Ocidental (HORT; KUHNLE, 2000).

A observação de que as ideias se tornam globais mais facilmente hoje do que em épocas anteriores não significa que elas necessariamente serão aceitas em todos os lugares. As ideias podem também inspirar "contra-ideias". É mais provável que a "globalização cultural" — juntamente com a globalização econômica e política — propicie o desenvolvimento de discussões globais sobre os desafios e as soluções relativas às políticas sociais. O resultado desses debates

86 CAPÍTULO 3

passará por "filtros" — políticos e culturais — nacionais, regionais e locais, para a elaboração e a implementação dessas políticas.

3. A globalização e o desenvolvimento das políticas sociais em perspectiva

A globalização e o desenvolvimento das políticas sociais podem ser estudados sob a perspectiva de qualquer das mencionadas dimensões da globalização, mas aos aspectos da globalização econômica tem-se frequentemente atribuído um maior peso, colocando os Estados-nação, intencionalmente, em um mundo mais competitivo e sob uma pressão maior do que antes. No entanto, as experiências concretas indicam, até o presente momento, que os países reagem diferentemente a desafios — internos e/ou internacionais — similares, sugerindo uma resistência política e cultural. Aspectos da globalização política e cultural devem também ser levados em consideração, para uma verdadeira compreensão do desenvolvimento das políticas sociais e das atividades de reforma nos diversos países do mundo.

A partir da metade da década de 1970, a crise do Estado de Bem-Estar Social tem sido incluída na pauta de discussões nos países ocidentais da área da OCDE. A própria OCDE elaborou e publicou, em 1981, um livro intitulado *O Estado de Bem-Estar Social em crise* (*The Welfare State in Crisis*), propagando severas advertências de que o Estado de Bem-Estar Social — ou, na nossa presente terminologia, as políticas sociais — deveria ser desmantelado, de modo que as pessoas deveriam passar a assumir uma maior responsabilidade pelo seu próprio bem-estar. Isso pode ser entendido como uma espécie de reação às duas crises do petróleo nos anos 1970 e os seus (atuais ou previstos) efeitos sobre as economias públicas nacionais. Observa-se que o livro foi publicado antes da atual fase de globalização econômica e dos profundos desenvolvimentos da tecnologia de informação.

Desde o início da década de 1980, uma ideologia neoliberal espalhou-se pelo mundo, simbolizada pelos anos de Thatcher e Reagan no poder. As investidas contra os Estados de Bem-Estar Social (ou regimes de políticas sociais) na Inglaterra e nos EUA foram anunciadas como a prova de uma nova era. Muitas teorias previram o fim do Estado de Bem-Estar Social, mas este demonstrou ser mais resistente do que o esperado (veja, *e. g.*, VAN KERSBERGEN, 2000; SYKES; PALIER; PRIOR, 2001; YEATES, 2001; RIEGER; LEIBFRIED, 2003; KUHNLE, 2000).

Um paradoxo é que os ataques mais intensos contra o extenso papel do Estado nas políticas sociais ocorreram nos Estados de Bem-Estar menos abrangentes e não naqueles mais amplos, como os da Escandinávia e da Europa continental. Essa constatação, em si mesma, é uma prova forte da importância da política e da ideologia. O neoliberalismo tem sido uma potente força político-ideológica, espalhando-se pelo mundo globalizado, mas ele não é a única opção viável (*the only game in town*), como demonstram muitos exemplos de desenvolvimento das políticas sociais no mundo. De fato, as mudanças nas políticas sociais podem ocorrer — e de fato têm ocorrido — tanto por razões internas (*v. g.*, alterações demográficas), quanto em virtude da globalização, esta entendida em suas três dimensões. Colin Hay (2005), por exemplo, ao analisar comparativamente as mais recentes políticas econômicas, contesta duramente a visão de que a globalização gera o enfraquecimento dos Estados de Bem-Estar Social nos países que integram a OCDE.

Diferentes visões sobre as políticas sociais sempre existiram e existirão também na era da globalização. Apesar de as condições, o desempenho e as expectativas econômicas conduzirem a opiniões e preferências diversas sobre as políticas sociais, estas são determinadas, essencialmente, por valores, interesses e escolhas políticas. O simples fato de a finalidade das políticas sociais variar significativamente entre países em estágios semelhantes de riqueza e desenvolvimento econômico, e com graus similares de abertura, prova que tais políticas resultam de preferências e escolhas políticas.

O efeito independente da globalização econômica sobre o desenvolvimento das políticas sociais é contestado (para uma visão geral dos estudos sobre o tema, veja PALIER; SYKES, 2001; YEATES, 2001; HAY, 2005). Efeitos são difíceis de medir, mas as evidências são fracas. Os efeitos da globalização política e cultural podem ser mais importantes; certas perspectivas sobre as políticas sociais ganham força no discurso mundial e certas ideias globais sobre tais políticas são crescentemente aceitas pelos governos e transformadas em políticas nacionais. A ideologia é tão — ou mais — importante do que os processos econômicos mundiais.

Desse modo, para aprofundar a compreensão sobre o desenvolvimento das políticas sociais, é importante estudar o discurso político global sobre tais políticas e a globalização, na forma como esse discurso é formulado e adotado pelas várias instituições e organizações internacionais dominantes. É importante também estudar como tais ideias são divulgadas e aceitas pelos governos e outros atores nacionais ao redor do mundo. As várias experiências nacionais de desenvolvimento das políticas sociais e as várias respostas para o suposto impacto da globalização não deveriam apenas aumentar o conhecimento empírico das mudanças em tais políticas. Deveriam também ajudar a aperfeiçoar o conhecimento teórico sobre o porquê de algumas políticas serem desenvolvidas, e outras não, e os respectivos efeitos, considerando as diversas circunstâncias da globalização.

Os efeitos políticos da globalização econômica podem assumir, cada vez mais, um caráter internacional. Cita-se, por exemplo, a cooperação dos governos para assegurar a observância de padrões sociais mínimos e evitar a denominada "corrida ladeira abaixo" (*race to the bottom*), ou seja, para impedir que as políticas sociais sejam sacrificadas em prol da competitividade internacional. A União Europeia pode ser apontada como um exemplo de uma reunião de países, formando uma instituição regional, com o potencial de estabelecer políticas tributárias e sociais contrárias à orientação neoliberal. O desenvolvimento europeu nos últimos 15 anos, em particular na Escandinávia, indica que o pensamento neoliberal sobre as políticas sociais não é a única opção viável (*the only game in town*).

Assim, estudar quais as perspectivas sobre as políticas sociais que são dominantes nas organizações e instituições internacionais é de grande importância, para se entender o futuro desenvolvimento dessas políticas nos países. Nesse sentido, é extremamente importante uma maior compreensão do impacto dos diferentes legados históricos nacionais para as atuais políticas de bem-estar. A título de exemplo, existe, aparentemente, uma significativa diferença político-cultural entre os EUA e a Europa (em seu conjunto), em termos de responsabilidade estatal pela manutenção da renda e prestação de serviços públicos, em termos de compromisso com os direitos sociais e no que se refere às expectativas das pessoas sobre o que o Estado deve fazer na área das políticas sociais (FLORA, 1993; FERRERA, 1993). Isso faz com que os debates políticos e as políticas de bem-estar adquiram feições diferentes.

Esse contraste adquire um significado político global, em um mundo onde cada vez mais países — especialmente aqueles que vêm vivenciando um rápido desenvolvimento econômico e a democratização, como os países do Leste e Sudeste asiático — aproximam-se das economias ricas e modernas. A integração política, econômica e organizacional, em termos globais, está se expandindo; as ideias e os exemplos se espalham e ultrapassam as fronteiras nacionais mais rapidamente do que nunca. Alguns países e regiões do mundo comandam substancialmente a liderança e o poder — econômico, político-ideológico e cultural — mais do que outros, e, assim, algumas filosofias de bem-estar são mais facilmente transmitidas e divulgadas do que outras.

Dessa forma, parte do desafio para qualquer país no mundo globalizado e "globalizante" é exercer influência sobre o pensamento global acerca do Estado e do bem-estar. Quem tem o poder para direcionar o debate sobre as políticas de bem-estar? Qual a visão de política social será dominante? Quais as perspectivas que as potências emergentes, com crescente força política e econômica, como a China, a Índia e o Brasil, irão trazer para o debate global sobre as políticas sociais? Qual o papel que as organizações internacionais — como a OCDE, a União Europeia, o Banco Mundial, o FMI e a OIT, dentre outros — exercerão? Alguns destes têm atuado como grandes fomentadores da forma neoliberal de globalização, influenciando os governos nacionais através do desenvolvimento de "comunidades científicas" promotoras do neoliberalismo em escala mundial (DEACON, 1999). Demais disso, as "ideias globais" parecem ter tido um papel significativo na legitimação das reformas relativas ao bem-estar.

4. Conclusão

Os estudos sobre a globalização e o desenvolvimento das políticas sociais chegaram a diferentes conclusões, variando desde a visão de que a globalização econômica tem um impacto significativo sobre os Estados de Bem-Estar Social e as políticas sociais, através da percepção de um crescente domínio da economia de mercado, até a visão de que a globalização tem um impacto relativamente pequeno sobre os Estados de Bem-Estar Social. Há, ainda, a visão intermediária de que a globalização gera efeitos sobre os Estados de Bem-Estar Social e o desenvolvimento das políticas sociais, mas que tais efeitos são mediados através de estruturas institucionais e respostas políticas nacionais (para uma visão geral desses estudos, veja, *e. g.*, PALIER; SYKES, 2001). Essa última visão é aquela mais próxima à minha: a de que a globalização econômica conta, mas os fatores políticos e culturais, nacionais e/ou globais, é que decidem (KUHNLE, 2005).

A minha observação final será simplesmente a de que se mostra tão importante estudar todos os aspectos da globalização política e cultural, quanto estudar a globalização econômica, para entender o desenvolvimento das políticas sociais em nível nacional e para compreender a formação, a divulgação e a ascendência das ideias sobre as políticas econômicas e o papel do Estado no mundo globalizado. Naturalmente, será também imprescindível se conhecer melhor em que medida os processos de globalização econômica e de globalização política e cultural são — ou não — interdependentes.

5. Referências bibliográficas

DEACON, Bob. Towards a socially responsible globalization: international actors and discourses. *GASPP Occasional Papers*, Helsinki: Stakes, n. 1, 1999.

ESPING-ANDERSEN, Gösta (coord.). *Welfare states in transition:* national adaptations in global economies. London: Sage, 1996.

FERRERA, Maurizio. EC citizens and social protection. main results from a eurobarometer study. *EC Commission*, Div. V/E/2, Brussels, 1993.

FLORA, Peter. The national welfare states and european integration. In: MORENO, Luis (coord.). *Social exchange and welfare development*. Madrid: Consejo Superior de Investigaciones Cientíﬁcas, 1993.

GRAY, John. *False dawn:* the delusions of global capitalism. London: Granta Books, 1998.

HAY, Colin. Too important to leave to the economists? The political economy of welfare retrenchment. *Social Policy and Society*, v. 4, part 2, p. 197-205, abr. 2005.

HORT, Sven E. O.; KUHNLE, Stein. The coming of east and south-east Asian *welfare states. Journal of European Social Policy*, v. 10, n. 2, p. 162-184, 2000.

KATZENSTEIN, Peter. *Small states in world markets:* industrial policy in Europe. Itacha: Cornell University, 1985.

KERSBERGEN, Kees van. The declining resistance of *welfare states* to change. In: KUHNLE Stein (coord.). *Survival of the european welfare state.* London: Rutledge, 2000.

KUHNLE, Stein. Global ideas matter, local power decides? Guest editor's introduction. *Global Social Policy*, v. 5, n. 1, p. 5-7, 2005.

KUHNLE, Stein (coord.). *Survival of the european welfare state.* London: Routledge, 2000.

KUHNLE, Stein; HORT, Sven E. O. The developmental *welfare state* in Scandinavia. *Social Policy and Development*, Genebra: UNRISD, n. 17, 2004.

MISHRA, Ramesh. Globalization, social protection and productive welfare: an international perspective. In: MISHRA, Ramesh; KUHNLE, Stein; GILBERT, Neil; CHUNG, Kyungbae (coords.). *Modernizing the Korean welfare state.* New Brunswick: Transaction, 2004.

OECD. *The welfare state in crisis.* Paris: OECD, 1981.

PALIER, Bruno; SYKES, Robert. Challenges and change: issues and perspectives in the analysis of globalization and the european welfare states. In: SYKES, Robert; PALIER, Bruno; PRIOR, Pauline M. (coord.). *Globalization and european welfare states.* Houndsmills, Basingstoke, Hampshire: Palgrave, 2001.

RIEGER, Elmar; LEIBFRIED, Stephan. *Limits to globalization.* Cambridge: Polity, 2003.

SCHOLTE, Jan A. Beyond the buzzword: a critical theory of globalization. In: KOFMAN, E.; YOUNG, G. (coords.). *Globalization:* theory and practice. London: Pinter, 1996.

SYKES, Robert; PALIER, Bruno; PRIOR, Pauline M. (coords.). *Globalization and european welfare states.* Houndsmills, Basingstoke, Hampshire: Palgrave.

WONG, Joseph. *Healthy democracies:* welfare politics in Taiwan and South Korea. Itacha: Cornell University, 2004.

YEATES, Nicola. *Globalization and social policy.* London: Sage, 2001.

CAPÍTULO 4

RECALIBRAR O MODELO SOCIAL EUROPEU: ACELERAR AS REFORMAS, MELHORAR A COORDENAÇÃO[1]

MAURIZIO FERRERA[2]

Sumário: 1. Um patrimônio a reformar. 2. Dos velhos aos novos riscos. 3. Uma distribuição mais equânime das tutelas. 4. Um Estado de Bem-Estar Social dinâmico contra as armadilhas da exclusão social. 5. O papel da União Europeia: reforçar e modernizar a coordenação aberta. 6. Referências bibliográficas.

1. Um patrimônio a reformar

O Estado Social é uma das maiores conquistas do século XX. Os seus programas forneceram concretude institucional aos três grandes ideais da Europa

---

(1) A versão original do presente artigo foi escrita em italiano. A tradução para o português foi feita por Lorena Vasconcelos Porto.

(2) Italiano e tem formação acadêmica nas áreas de Ciências Políticas, Ciências Sociais e Filosofia. É Professor de Ciência Política na Universidade de Milão, onde preside a Graduate School in Social, Economic and Political Sciences. Ademais, dirige o Laboratório de Política Comparada e Filosofia Pública (LPF) do Centro Einaudi, é membro do conselho de administração do Colégio Carlo Alberto de Moncalieri (Turim) e é editorialista do jornal "Corriere della Sera".

moderna — liberdade, igualdade e solidariedade — e deram uma contribuição enorme à melhoria das condições e das oportunidades de vida de todos os cidadãos, mas, sobretudo, dos mais desfavorecidos. O Estado de Bem-Estar Social constitui um patrimônio institucional precioso que a Europa (a União Europeia) pode mostrar às outras regiões do mundo, convencendo-as de que é possível conjugar virtuosamente crescimento e coesão, mercado e proteção social, valorização dos méritos e atendimento às necessidades.

Se a missão ideal e a estrutura geral desse patrimônio institucional mantêm hoje intacta a sua validade, há, no entanto, muitos aspectos que necessitam de revisões e atualizações. O Estado Social europeu nasceu para responder aos desafios da era industrial e para atender aos interesses do Estado-nação. O contexto de referência externo é, nos dias atuais, radicalmente diverso. Por um lado, o funcionamento interno dos programas de bem-estar colocou em evidência problemas de eficiência e de eficácia, que nos levam a repensar os limites entre público e privado, entre responsabilidade coletiva e individual. Nenhuma instituição pode sobreviver sem se adaptar. A Europa deve enfrentar esse desafio: deve adaptar o Estado de Bem-Estar Social ao novo contexto, tornando-o, ao mesmo tempo, estruturalmente mais adaptável. A partir dos anos 1990, várias etapas já foram cumpridas em direção a essa adaptação. Mas ainda há muito a fazer. A modernização do modelo social europeu permanece como uma grande prioridade da agenda política nacional e supranacional.

Duas grandes transições estão modificando o perfil socioeconômico do nosso continente:

A) a transição sociodemográfica, em boa medida ligada (sobretudo no tocante ao declínio de nascimentos) às novas relações de gênero e às crescentes aspirações de independência pessoal e autorrealização das mulheres;

B) a transição em direção a uma economia baseada nos serviços e, sobretudo, no conhecimento, em uma moldura de crescente internacionalização e abertura das trocas.

Ambas as transformações abrem a perspectiva de um cenário de maior bem-estar, com oportunidades mais amplas e novas liberdades. A União Europeia pode realmente se tornar a economia mais competitiva baseada no conhecimento e, ao mesmo tempo, a mais justa e livre do planeta, como preconizado pela estratégia de Lisboa. Mas os cenários virtuosos não podem ser considerados como de ocorrência certa e induvidosa. A perspectiva de um "equilíbrio por baixo", influenciado pelo declínio demográfico, a perda de eficiência e de competitividade, a emergência de polarizações sociais marcantes, permanece, de fato, como um dos possíveis resultados das dinâmicas em curso.

Uma modernização "inteligente" do Estado Social pode exercer um grande papel no combate aos resultados viciados e na promoção daqueles virtuosos. Essa modernização deve, antes de tudo, apoiar-se sobre uma correta identificação dos novos riscos e necessidades sociais conexos às duas grandes transformações acima mencionadas, quais sejam:

- riscos conexos à dificuldade de conciliar trabalho e cuidados familiares, vida profissional (inclusive as aspirações da carreira) e vida familiar, sobretudo para as mulheres;

- riscos conexos à ausência de acesso ao conhecimento, sobretudo para os jovens;

- riscos conexos à obsolescência dos atributos profissionais, sobretudo para os trabalhadores com baixa qualificação;

- como efeito dos riscos anteriores, riscos de marginalização e de verdadeira exclusão, não apenas da economia do conhecimento (ou seja, dos setores mais dinâmicos da sociedade), mas também do mercado de trabalho em geral ou do tecido social em seu conjunto.

Esses riscos, em parte, já emergiram em todos os países europeus. A resposta prevalente foi o recurso a medidas compensatórias, dirigidas a remediar posteriormente os danos sofridos pelo indivíduo ou por grupos sociais inteiros: políticas de assistência escolar, de requalificação profissional, políticas de subsídio aos trabalhadores mais desfavorecidos, medidas de combate à pobreza ou à exclusão. Além de limites financeiros, essa abordagem encontra, no entanto, limites intrínsecos de eficácia: trata-se de medidas que atenuam as necessidades, mas não previnem os riscos.

Naturalmente, não se pode deixar de atender posteriormente às necessidades, quando estas já se manifestaram. Mas a abordagem necessária é do tipo preventiva. É essencial desenvolver uma nova "grande estratégia" de política social, que coloque no centro do Estado de Bem-Estar Social os novos riscos, as mulheres e os jovens: uma estratégia que dê maior ênfase à promoção concreta de oportunidades e de capacidades, antes que ao ressarcimento posterior dos danos sofridos quando da ocorrência de contingências individuais negativas.

O conceito que gostaria de propor para identificar mais de perto os vários ingredientes dessa "grande estratégia' é aquele de *recalibragem*[3]. Reformar o Estado de Bem-Estar Social significa hoje, de fato, deslocar os pesos — a

---

(3) Retomo aqui uma metáfora já proposta em Ferrera, Hemerijck e Rhodes (2000) e em Ferrera e Hemerijck (2003).

CAPÍTULO 4

94

atenção institucional, os recursos financeiros, o acento ideal — de algumas funções a outras, de algumas categorias a outras, de alguns valores a outros. Sem recalibragem, o Estado de Bem-Estar Social arrisca de se bloquear e entrar em uma perigosa espiral involutiva. Proponho distinguir entre três dimensões ou "frentes" de recalibragem, em direção às quais concentrar o esforço reformista: recalibragem funcional, redistributiva e normativa.

2. Dos velhos aos novos riscos

A *recalibragem funcional* relaciona-se com os riscos que são objeto de proteção. Em razão de uma espécie de efeito de inércia, na maior parte dos países da União Europeia (UE), o Estado Social protege, atualmente, intensa e demasiadamente um risco antigo, a velhice, e muito pouco os riscos (novos), conexos a outras fases do ciclo de vida. O trabalho precário, os encargos familiares, a não autossuficiência, a exclusão social, a indisponibilidade de oportunidades adequadas de formação ao longo da vida, a obsolescência das habilidades profissionais: esses riscos não encontram hoje uma proteção adequada nos sistemas dos Estados de Bem-Estar Social europeus (ao menos fora do contexto nórdico). Por outro lado, a velhice — que é quase impróprio definir atualmente como "risco", ao menos entendida estritamente como "vida depois dos 60/65 anos" — é superprotegida, frequentemente a prescindir das efetivas contribuições dos segurados ou do seu efetivo estado de necessidade. Em um quadro de vínculos orçamentários, redimensionar as tutelas no setor da velhice, fortalecendo-as em outros, é sem dúvida a prioridade número um (embora não a única), na perspectiva da recalibragem funcional. *Sem reduzir em nada as tutelas para os idosos em dificuldade,* as principais figuras sociais de referência do novo Estado de Bem-Estar Social devem vir a ser as *mães que trabalham,* por um lado, e os *menores em condições de pobreza,* por outro lado.[4] Esse tipo de racalibragem teria, ainda, consequências positivas a longo prazo sobre os próprios sistemas previdenciários.

O envelhecimento demográfico representa um grande desafio para os sistemas de *Welfare* contemporâneos. O custo das aposentadorias aumentará significativamente nas próximas duas décadas. Pequenas modificações na idade de aposentadoria, na taxa de natalidade e nas dinâmicas migratórias podem atenuar a gravidade do problema, mas a prioridade é clara: há uma urgente necessidade de reescrever o contrato entre as gerações.

Envelhecimento demográfico, ocupação feminina e proteção social são três fenômenos intimamente conexos entre si. Para a sustentabilidade finan-

---

(4) Para uma discussão mais profunda dos problemas e dos desafios que essas duas figuras sociais envolvem, Esping-Andersen (2002).

ceira do Estado de Bem-Estar Social do século XXI (e, em particular, para os sistemas previdenciários) serão cruciais os recursos gerados por altas taxas de participação feminina no mercado de trabalho. Por outro lado, a contenção dos desequilíbrios demográficos dependerá da disponibilidade das mulheres de ter filhos, esse duplo vínculo impõe um sério desafio às políticas. O declínio da natalidade, principal responsável pelo envelhecimento populacional, está conexo, de modo complexo, à participação feminina no mercado de trabalho. Embora as famílias com dupla fonte de renda estejam se tornando a regra em muitos países da UE, são ainda as mulheres que suportam grande parte do trabalho de cuidado dos filhos e parentes idosos no âmbito doméstico. Pesquisas recentes apontam, todavia, que altas taxas de natalidade e de participação no mercado de trabalho podem, de fato, coexistir. A chave para ativar esse círculo virtuoso reside na promoção de um amplo leque de políticas, mais precisamente:

- serviços para a infância e para os idosos com o fim de aliviar o trabalho não remunerado de "cuidado", que ainda recai principalmente sobre os ombros das mulheres;

- políticas do "tempo" e dos horários (escolas, escritórios, comércio), de modo que ambos os pais possam colaborar na gestão das tarefas domésticas;

- salário-família e deduções fiscais de valor consistente, para compensar, ao menos em parte, os custos relativos aos filhos;

- incentivos à redistribuição das funções familiares das mães para os pais, na tentativa de romper hábitos e mentalidades consolidadas;

- incentivos às mulheres (e, desse modo, à igualdade de gênero) no mercado de trabalho: não apenas na fase de ingresso, mas também naquela do retorno após a maternidade e nos avanços na carreira.

Naturalmente, cada país deve determinar o próprio conjunto de instrumentos. Como já ressaltado, os países nórdicos há muito tempo já colocaram, no centro da sua estratégia de política social, as mães que trabalham e as famílias que possuem dupla fonte de renda. No entanto, nos países da Europa continental (incluídos muitos dos novos países-membros) e meridional, esse desafio ainda deve ser enfrentado.

A segunda frente prioritária de recalibragem funcional é, como já dito, aquela dirigida a combater *o risco de pobreza entre os menores*. Diferentemente (ou melhor, em medida maior) daquela em idade adulta, a pobreza entre os menores implica muitos efeitos negativos de longo período.[5] O ambiente de formação na primeira fase da infância tem um papel crucial no desenvolvimento do capital humano individual. Numerosas pesquisas demonstraram como as carências e os limites desse ambiente (em particular, aqueles ligados à pobreza da família de origem) conduzem, nas fases sucessivas, a problemas de aprendizagem, pouca motivação na aprendizagem, probabilidade mais elevada de evasão escolar, tóxico-dependência e, em geral, chances muito menores de mobilidade social. Há dados que demonstram que a pobreza entre os menores está crescendo rapidamente nas sociedades europeias. Em alguns países, a incidência da pobreza entre os menores já superou aquela entre os idosos.[6] Esses dados são alarmantes porque podem desencadear preocupantes círculos viciosos (Gráfico 1).

Gráfico 1: Os círculos viciosos gerados pela pobreza entre os menores

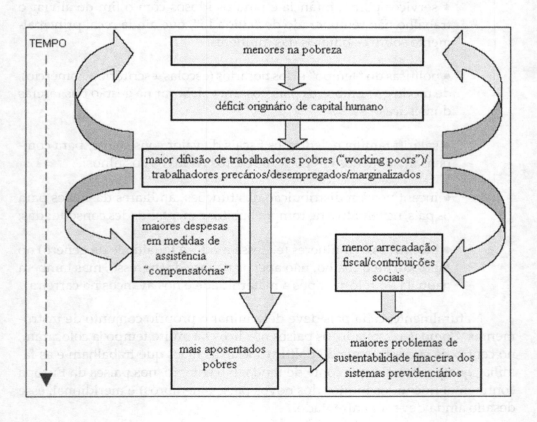

---

(5) Para um aprofundamento da questão, cf. Vleminckx e Smeeding (2001).
(6) Cf. os dados relatados e discutidos em Esping-Andersen (2002).

Esses círculos viciosos devem ser prevenidos através de uma verdadeira ofensiva no plano da acumulação originária de capitais humanos individuais. A formação dos jovens e, antes ainda, uma luta, em todos os setores, contra a pobreza entre os menores, devem se tornar um dos pilares de sustentação do novo Estado de Bem-Estar Social. Trata-se, no entanto, de um objetivo que concilia de forma intrínseca os objetivos/valores da eficiência, da competitividade, da modernização econômica da Europa com aqueles da equidade e da justiça distributiva, por meio da luta contra a herança social da desvantagem (um ponto sobre o qual retornarei mais abaixo).

3. Uma distribuição mais equânime das tutelas

O segundo tipo de recalibragem é de natureza distributiva e está relacionada com as categorias que são objeto de proteção. Como destacado por um rico debate, o modelo social europeu é em grande medida caracterizado por uma síndrome de segmentação do mercado de trabalho e pela divisão entre *insiders* e *outsiders*. Em muitos Estados sociais europeus há evidência de um excesso de prestações asseguradoras para os trabalhadores "garantidos", que dispõem da quase propriedade do posto de trabalho (frequentemente com dois ou mais de tais empregos por família), em contraste com a ausência de uma proteção adequada para aqueles que estão ocupados nos setores mais periféricos e fracos do mercado de trabalho. As emergentes divisões fundadas sobre as capacidades profissionais — conexas com a transição para a economia do conhecimento (*knowledge economy*) — estão acelerando e reforçando tal dinâmica.

Em alguns países, são evidentes desigualdades distributivas marcantes, não apenas entre *insiders* e *outsiders*, mas também entre os próprios *insiders*, isto é, entre diversas categorias de assegurados (pensemos, sobretudo, nas diferenças de tutelas entre empregados públicos e privados). O *status quo* distributivo tende, ainda, a penalizar — novamente — mulheres e jovens, sem falar das gerações futuras. Desse modo, é urgente proceder a uma incisiva racionalização distributiva, dirigida a rebalancear a proteção social, não somente entre os diversos riscos, mas também entre diversos beneficiários de prestações. Essa racionalização implicará, com efeito, alguns importantes acréscimos positivos para os não garantidos, mas, ao mesmo tempo, acabará por gerar alguns decréscimos, ou seja, medidas que retiram aquelas vantagens de acesso *ao* Estado de Bem-Estar Social e de tratamento *no* Estado de Bem-Estar Social que não passem por sérios *testes de equidade social*.

No âmbito da recalibragem distributiva, muitas etapas já foram cumpridas ao longo da última década: basta pensar sobre a gradual equiparação entre empregados públicos e privados no plano previdenciário em países como a

98   Capítulo 4

Itália, a França ou a Áustria. Mas resta ainda muito a ser feito. Na longa fase de entrada no regime das reformas previdenciárias, em muitos países existem, ainda, disparidades de acesso e de disciplina normativa, puramente ligadas à loteria anagráfica. No setor da tutela contra o desemprego, existem categorias hipertuteladas e categorias quase desprovidas de tutela. O trabalho precário é protegido inadequadamente frente a riscos como doença, maternidade, desemprego temporário, encargos familiares e, além disso, sofre graves penalidades em termos de prestações de aposentadoria. Nesse ponto, a reforma previdenciária italiana de 1995 é um exemplo emblemático. Durante décadas, com o sistema retributivo, as estruturas previdenciárias italianas tenderam a dar a cada aposentado mais de quanto ele havia contribuído. No futuro, com o sistema contributivo introduzido gradualmente a partir de 1995 — um sistema que deveria garantir ao menos a equidade atuarial entre contribuições e prestações — aquele que tem uma carreira fragmentada arrisca de perder quotas consistentes das contribuições recolhidas. Um verdadeiro paradoxo distributivo, que atinge, sobretudo, os jovens e que deve ser retificado o quanto antes.

A recalibragem distributiva tem, portanto, um relevante componente intergerações. É necessário proceder de modo que os custos da transição demográfica (e, em particular, os custos da aposentadoria) venham repartidos de forma equânime entre as gerações[7]; e o caminho principal passa pelas políticas de envelhecimento ativo, baseadas na elevação do patamar anagráfico mínimo para a saída da vida laborativa e na flexibilização da idade legal de aposentadoria.

4. Um Estado de Bem-Estar Social dinâmico contra as armadilhas da exclusão social

A referência à equidade me conduz ao terceiro tipo de recalibragem, que é de natureza normativa e que se relaciona com símbolos e valores. No início do presente trabalho, defendi que o Estado Social é uma das maiores realizações do século XX. O seu desenvolvimento permitiu remover muitas formas odiosas de opressão dos homens (e mulheres), por parte de outros, e de impor limites às desigualdades "sem regras" (e por vezes até mesmo disfuncionais) geradas pelo mercado e pela concorrência. A igualdade de recursos e oportunidades na Europa é, além disso, um processo bem documentado há três ou quatro décadas de pesquisas empíricas.[8]

No curso do século XX, todavia, foi progressivamente se afirmando na cultura política europeia uma concepção ingenuamente "emancipadora" dos

---

(7) Para aprofundamentos e propostas originais acerca desse ponto, cf. Myles (2002).

(8) Para uma discussão e resenha, cf. Rainwater (1997).

direitos sociais: os direitos sociais como conquista positiva, a ser defendida sempre e incondicionalmente, quaisquer que sejam o seu conteúdo específico, as suas regras de acesso, as suas contrapartidas em termos de deveres. Embora mantendo uma referência abstrata e geral aos princípios da igualdade e da justiça, essa concepção tendeu a formular as suas próprias estratégias e valorações no campo do Estado de Bem-Estar Social, com base mais em uma teoria política dos direitos sociais como conquista dos trabalhadores do que com base em uma teoria ética sobre os direitos e os deveres dos cidadãos, fundada em regras e critérios de equidade. Todavia, desse modo limitou-se a possibilidade de perceber e combater as tantas degenerações "usurpadoras" de que se tornou vítima o Estado de Bem-Estar Social, que, frequentemente, acabou por criar direitos sociais em resposta à capacidade de pressão dos grupos sociais mais fortes, e não como resposta às necessidades dos sujeitos mais fracos.[9]

Recalibrar o Estado de Bem-Estar Social sob a perspectiva normativa implica, portanto, duas operações distintas:

> A) Ancorar estratégias e valorações de política social em explícitas *teorias de justiça distributiva*, e não em teorias políticas obsoletas sobre o conflito entre as classes; B) atribuir o maior peso possível, no seio dessas teorias, ao valor da equidade dinâmica. O novo Estado de Bem-Estar Social deve ser desenhado de modo a ajudar cada indivíduo ao longo de todo o ciclo da vida, e *deve concentrar os seus esforços onde a evidência empírica assinala que são gerados problemas ou armadilhas de desigualdade e exclusão social persistentes*. Nesse ponto, considero convincente e fascinante a ideia, recentemente proposta por Esping-Andersen[10], de identificar como objetivo normativo primário para o Estado de Bem-Estar Social do século XXI aquele de combater a herança social da desigualdade e exclusão: um objetivo normativo que tem como implicação funcional aquela de concentrar os esforços nas políticas de formação e de acréscimo do capital humano e como implicação distributiva aquela de investir principalmente nos menores em situação de pobreza.

Conforme foi trazido à luz por numerosas pesquisas empíricas, em muitos países europeus a mobilidade social é, ainda, fortemente ligada às condições da família de pertinência. À universidade, às profissões liberais, às posições de vértice do sistema ocupacional acedem, em proporção muito maior, aqueles que provêm dos setores mais abastados. Entre as famílias de baixa renda ainda se registram taxas de abandono e até mesmo de evasão escolar relativamente

---

(9)   Cf. Ferrera (1998).
(10)   Esping-Andersen (2003).

elevadas. Trata-se de dados que conduzem a duas recomendações: A) a primeira é no sentido já indicado outras vezes: luta contra a pobreza entre os menores e investimento no capital humano dos indivíduos menos favorecidos; B) a segunda é na direção de uma recalibragem do sistema educativo, transferindo parte do custo da instrução universitária aos seus usuários e reforçando, por outro lado, a intervenção pública na escola infantil.[11]

O reforço de um Estado de Bem-Estar Social dinâmico, realmente eficaz no combate às armadilhas da desigualdade social requer novos e importantes investimentos (políticos, institucionais e financeiros) no setor da instrução. Esses investimentos são, por outro lado, totalmente coerentes com a transição para uma nova economia e com a agenda de Lisboa. O sucesso da economia dos serviços e do conhecimento depende, de maneira crucial, das qualificações e das credenciais educativas do "cidadão médio" e não apenas — como era no passado — das próprias elites.[12] Não é apenas uma questão de capital humano, mas também de capital social e político. Um bom grau de instrução do cidadão médio não facilita apenas a transição para a economia baseada no conhecimento (*knowledge-based economy*), mas promove também a coesão social e a cidadania em um dado país.

Os países nórdicos e os anglo-saxões têm uma longa tradição de investimento público (não apenas financeiro) no setor da instrução: um investimento intrinsecamente conexo às demais intervenções de política social. Nos países da Europa Continental e Meridional, "escola" e "bem-estar" caminharam, ao contrário, separadamente e o Estado de Bem-Estar Social por muito tempo significou essencialmente "aposentadorias". Nesses países, nas últimas duas décadas, o investimento na instrução, que se encontra em níveis mais baixos do que aqueles dos países anglo-saxões e nórdicos, sofreu uma estagnação. Sem uma "recalibragem" incisiva (funcional, distributiva e normativa, em conjunto) do próprio modelo de investimento público[13], que saiba, todavia, integrar as políticas para a instrução em um desenho mais amplo de política social, os países continentais e meridionais arriscam de ingressar com grave atraso na economia baseada no conhecimento ou de chegar lá em condições de marcante polarização social.

Recalibrar o Estado de Bem-Estar Social não é certamente uma operação fácil, sob a perspectiva política. É necessário remar contra convicções enraizadas (embora não mais empiricamente fundadas), contra expectativas consolidadas (embora não sempre justificadas em termos de justiça distri-

---

(11)   Essa direção já foi tomada pelo Governo de Tony Blair na primavera de 2004.
(12)   Cf. Allmendiger e Leibfried (2003).
(13)   Cf. Room (2002).

butiva), contra múltiplas categorias organizadas e interessadas em defender a situação vigente.

Nenhuma reforma passa sem o apoio de coalizões sociais interessadas em sustentá-la e sem uniões políticas capazes de decidi-la. Mas a matéria-prima de cada reforma é sempre um determinado projeto ideal de mudança: aquele que foi chamado o *software* do reformismo.[14] Um sério empenho na frente projetista pode contribuir para remover muitas barreiras, remodelando preferências e interesses e aplainando, assim, a estrada rumo à mudança.

5. O papel da União Europeia: reforçar e modernizar a coordenação aberta

Ao longo dos anos noventa, a União Europeia (e, em particular, a Comissão Europeia) exerceu um papel sempre mais importante para colocar no ponto o *"software"* do reformismo: as ideias e as propostas a serem incluídas na agenda de modernização do Estado Social. Do ponto de vista substantivo, ela contribuiu para a elaboração de um diagnóstico complexo dos problemas em jogo e para a identificação das grandes linhas de reforma. As instituições da UE forneceram análises e propostas racionais e estimulantes sobre quase todos os temas tratados nos parágrafos anteriores, propiciando exercícios de reflexões sobre projetos, em uma multiplicidade de arenas supranacionais, transnacionais e nacionais. Do ponto de vista procedimental, a União estimulou a mudança, sobretudo através do método aberto de coordenação, verdadeira pedra angular da estratégia de Lisboa. Atualmente, existem três "processos" codificados de coordenação no setor da proteção social, relativos às políticas para a ocupação (de 1998), às políticas para a inclusão social (de 2001) e às políticas previdenciárias (de 2003). A partir de 2005, é prevista a inauguração de um ulterior processo de coordenação no campo da saúde e dos serviços aos idosos. Formas mais ou menos coordenadas de troca de informações e reflexão coletiva existem também no campo das políticas educacionais.

Embora não existam análises empíricas sistemáticas relativas ao impacto de todos esses processos sobre as políticas sociais dos países membros e sobre os seus êxitos, a valoração predominante por parte dos especialistas e elaboradores das políticas (*policy makers*) tende a ser positiva.[15] O método aberto de coordenação é um bom instrumento para enfrentar conjuntamente desafios semelhantes (embora não *comuns*, no sentido estrito do termo), com o respeito das tradições nacionais e do princípio da subsidiariedade. Sobre o futuro dessa estratégia (e, portanto, sobre um capítulo importante de toda a agenda

---

(14) Cf. Salvati (2004).
(15) Cf. Zeitlin e Pochet (2005).

de Lisboa) existem, todavia, dois possíveis riscos, que poderão comprometer tanto a eficácia substantiva, quanto a procedimental.

O primeiro risco é aquele de um enrijecimento e de uma compartimentalização dos objetivos. Foram mencionadas acima que duas âncoras fundamentais do processo de recalibragem do Estado de Bem-Estar Social deveriam ser: A) o sustento das famílias de dupla fonte de renda e, em particular, das mães que trabalham; B) a promoção do capital humano a partir da primeira infância, especialmente entre os menores em situação de pobreza. Em ambos os casos, trata-se de objetivos transversais com relação aos vários processos de coordenação aberta hoje vigentes: objetivos que implicam o recurso a uma vasta gama de instrumentos diversos de políticas nos campos da ocupação, da instrução, da previdência, dos serviços sociais. O risco é que, não se encontrando uma posição unívoca em um processo específico de coordenação existente, objetivos como estes não consigam ser oportunamente identificados e monitorados. A questão da equidade intergerações, mencionada no parágrafo sobre a recalibragem distributiva, é também um tema complexo e bastante discutido, que envolve diversos âmbitos de políticas e que não é inteiramente comprimível no seio do "processo de aposentadorias". Essa questão é tão importante que mereceria tornar-se objeto de uma verdadeira estratégia comum (estratégia de *mainstreaming*), análoga àquela introduzida anteriormente pela UE para a igualdade de oportunidades entre homens e mulheres.

Para evitar o risco da compartimentalização, seria necessário dotar a estratégia da UE de modernização da proteção social de uma espécie de cabine de comando "interprocesso", que saiba delimitar de forma mais nítida as conexões e as interdependências entre os vários objetos setoriais. Em acréscimo às revisões periódicas já previstas para cada processo de coordenação, talvez valesse a pena colocar na agenda também uma revisão estratégica que compreenda toda a estrutura social da estratégia de Lisboa.

O segundo risco é aquele de uma excessiva procedimentalização dos processos, da submissão destes aos tecnicismos dos indicadores e à liturgia dos planos de ação e das valorações equivalentes (*NAP*, *peer reviews*, *joint reports* etc.).[16] Indicadores e procedimentos são dotados de validade e eficácia, naturalmente. Mas não devem se tornar fins em si mesmos. A consequência disso seria um esvaziamento político progressivo de toda a estratégia, o seu afastamento das efetivas dinâmicas de interação entre os elaboradores das políticas (*policy makers*) e os entes interessados (*stakeholders*) — organizações sindicais, governos subnacionais, representantes dos grupos-alvo (*target groups*)

---

(16)   N.T.: Trata-se, em linhas gerais, de relatórios e análises elaborados por especialistas em um determinado assunto, que, assim, gozam de maior credibilidade.

etc. — dinâmicas das quais dependem, de modo crítico, o futuro da reforma do *status quo* distributivo.

Discussões, transparência, abertura, aprendizagem de reflexão e adaptabilidade estratégica dos objetivos: estas são as características institucionais que devem ser reforçadas na coordenação aberta e na agenda de Lisboa, em seu conjunto. A União Europeia deve aplicar às próprias modalidades de elaboração de políticas (*policy making*) aqueles traços inovadores que ela mesma há tempos recomenda de serem adotados internamente pelos países membros, sobretudo no que tange às diretrizes (*governance*) da política social.

6. Referências bibliográficas

ALLMENDIGER, J.; LEIBFRIED, S. Education and the welfare state. *Journal of European Social Policy*, 13:1, 2003.

ESPING-ANDERSEN, G.; GALLIE, D.; HEMERIJCK, A.; MYLES, J. *Why we need a new welfare state*. Oxford: Oxford University, 2002.

ESPING-ANDERSEN, G. Against social inheritance. In: GIDDENS, A. (coord.). *The progressive manifesto*. London: Polity, 2003.

FERRERA, M. *Le trappole del welfare*. Bologna: Il Mulino, 1998.

FERRERA, M.; HEMERIJCK, A.; RHODES, M. *The future of social Europe*: recasting work and welfare in the new economy. Relatório preparado para a Presidência portuguesa da União Europeia. Oeiras: Celta, 2000.

FERRERA, M.; HEMERIJCK, A. Recalibrating European welfare regimes. In: ZEITLIN, J.; TRUBECK, D. (coords.). *Governing work and welfare in a new economy*: European and American experiments. Oxford: Oxford University, 2003.

MYLES, J. A. New social contract for the elderly? In: ESPING-ANDERSEN, G.; GALLIE, D.; HEMERIJCK, A.; MYLES, J. *Why we need a new welfare state*. Oxford: Oxford University, 2002.

RAINWATER, L. *Inequality and poverty in comparative perspective*. Madrid: WP 110, Istituto Juan March, 1997.

ROOM, G. Education and welfare. Recalibrating the European debate. *Policy Studies*, 23:1, 2002.

SALVATI, M. *Relazione introduttiva*. Encontro "Riformista Day", publicada no jornal "Il Reformista", em 11 de fevereiro de 2004.

VLEMINCKX, K.; SMEEDING, T. *Child well-being in modern nations*. Bristol: The Polity, 2001.

ZEITLIN, J.; POCHET, P. (coord.); MAGNUSSON, L. *The open method of coordination in action*. Bruxelles: PIE-Peter Lang, 2005.

CAPÍTULO 5

O Novo Regime Econômico Internacional e o Futuro dos Estados de Bem-Estar Social[1]

François Xavier Merrien[2]

Sumário: 1. Introdução. 2. A era de ouro dos Estados de Bem-Estar Social. 3. O fim da era de ouro: as reformas sob pressão internacional. 3.1. O exemplo francês. 3.2. O exemplo sueco. 4. O dilema das políticas sociais na economia aberta. 5. A virada neoliberal das políticas sociais. 6. Trajetórias. 6.1. Convergências relativas. 7. Divergências. 7.1. A trajetória neoliberal. 7.2. A virada neoliberal das políticas neozelandesas. 7.3. A trajetória "social-europeia". 8. Capacidade de reformas e arranjos sociais. 9. Conflitos políticos e capacidade de reforma da proteção social. 10. Considerações conclusivas. 11. Referências bibliográficas.

---

(1) O presente trabalho foi publicado em francês como um capítulo do livro *Maîtriser la mondialisation*, coordenado por Pierre de Senarclens e editado pela Presses de Science Politique (Paris), em 2000, p. 77-113. A tradução para o português foi feita por Lorena Vasconcelos Porto.
(2) Francês e tem formação acadêmica nas áreas de Sociologia, Economia e Filosofia. É Professor Emérito de Ciências Sociais na Faculdade de Ciências Políticas e Sociais da Universidade de Lausanne, na Suíça.

1. Introdução

A ideia de que a globalização econômica impõe a reorganização e o enfraquecimento dos Estados de Bem-Estar Social é quase que unanimemente compartilhada pelas elites políticas, seja dos países desenvolvidos, seja daqueles em desenvolvimento. Para a grande maioria dos autores, é na economia que se deve ver a condenação do Estado de Bem-Estar Social. A aceleração da globalização da economia tornaria caduco o sonho de um Estado Social. As transformações dos Estados de Bem-Estar Social seriam, assim, necessárias.[3]

Os especialistas da Organização para a Cooperação e o Desenvolvimento Econômico (OCDE), do Fundo Monetário Internacional (FMI) ou do Banco Mundial pintam um quadro negativo dos Estados de Bem-Estar Social. O social tornou-se um fardo para a economia e para toda a sociedade. Ele mina a competitividade internacional das nações avançadas e constitui uma subtração inaceitável da riqueza. A proteção social não é mais a boa resposta, adequada aos problemas do mundo contemporâneo; ela se tornou o próprio problema. Em outras palavras, os Estados devem escolher entre o mercado livre criador de insegurança, mas também de empregos, ou a manutenção da proteção social, em detrimento do emprego.[4]

Economicamente, a única opção possível é a adoção de um modelo residual e liberal de Estado de Bem-Estar Social, por meio da privatização das atividades tradicionais deste Estado; não há outras soluções senão a de desmantelar o Estado Social, de introduzir a vantagem da flexibilização no mercado de trabalho e, consequentemente, de aceitar o desenvolvimento de empregos com baixos salários, o aumento da desigualdade na distribuição da renda, renunciar à constituição de uma rede de segurança e proteção social para os pobres, sujeitos, ao mesmo tempo, às obrigações de *wokfare*.[5]

Em nome da globalização, economistas e especialistas internacionais propõem um programa econômico e social implacável: políticas monetaristas

---

(3) *Vide* o título do semanário *Business Week*: "Adieu Welfare State" ("Adeus Estado de Bem-Estar Social"), em francês, na sua edição de 25 de novembro de 1995. Por outro lado, em um polêmico artigo publicado no jornal *Le Monde*, o Professor Gary Becker, "Prêmio Nobel de Economia", critica duramente as políticas sociais do Estado francês, afirmando que elas devem ser consideradas como "uma doença grave que afeta perigosamente o mercado de trabalho" (quinta-feira, 28 de março de 1996).

(4) Isso é referido como o *Estado de Bem-Estar Social sem trabalho* (*Welfare without work*), para retomar as palavras de Gösta Esping-Andersen, na obra *Welfare States in Transition*, London: Sage, 1996.

(5) N.T.: *Workfare* é um programa governamental no qual as pessoas desempregadas devem realizar trabalhos comunitários ou se qualificar, como condição para receberem os benefícios estatais. N.A.: Para uma análise e avaliação dessas tendências recentes em matéria de política social, cf. GILBERT, Neil (coord.). *Targeting social benefits*. New Brunschwig, 2000.

anti-inflacionárias, a diminuição da pressão fiscal e dos encargos sociais, uma maior flexibilização do mercado de trabalho. No âmbito social, as recomendações consistem em: privatização, reforma das prestações sociais, associação de entes públicos e privados, redução do Estado de Bem-Estar, liberação das energias individuais. Eles afirmam, finalmente, que os países que seguiram essa via obtiveram resultados significativos, ao passo que os demais se afundam na crise.

As reformas dos Estados de Bem-Estar Social nessas últimas décadas parecem indicar, com efeito, que os governos, qualquer que seja a maioria política no poder, se mostram na obrigação de reduzir os respectivos Estados de Bem-Estar Social, ou mesmo de se orientar no sentido das recomendações neoliberais. A maior parte dos países europeus passou a reduzir o nível das despesas sociais; o modo de cálculo das prestações (em matéria de proventos de aposentadoria, por exemplo) é menos favorável do que no passado e um grande número de alocações de recursos não é mais acordado, senão sob condição. Além disso, governos trabalhistas como os da Austrália e da Nova Zelândia, ou governos social-democratas como os da Suécia e da Dinamarca, adotaram várias reformas pertencentes ao repertório neoliberal, enquanto que a terceira via, preconizada por Tony Blair e depois por Gerhard Schroeder, renega a herança do passado e propõe uma nova agenda social que leva em conta as novas realidades internacionais.

As reformas dos Estados de Bem-Estar Social nas últimas décadas colocam em evidência a renúncia às políticas keynesianas expansionistas, a adoção de políticas econômicas de inspiração monetarista e a redução dos direitos sociais e dos direitos dos trabalhadores.

Os fatos parecem, assim, dar razão aos teóricos da globalização. No entanto, o argumento da globalização e da impossibilidade da soberania social dos Estados modernos merece ser examinado de maneira mais precisa.

Em primeiro lugar, é necessário não interpretar mal a relativa convergência que se pode notar nas políticas sociais dos diferentes países. Ela não resulta de uma pressão econômica externa que se impõe, de maneira inelutável, a todos os países. Uma parte importante das medidas adotadas tornou-se necessária após as transformações internas dos regimes produtivos: redução da economia industrial e desenvolvimento da economia de serviços, passagem de um sistema de produção fordista a um regime de produção flexível etc. Por fim, deve-se também considerar a conversão das elites políticas ao programa neoliberal. Portanto, numerosas medidas de políticas sociais, adotadas nas últimas décadas, resultam pouco — ou mesmo nada — de pressões econômicas, mas sim de pressões puramente estruturais internas (envelhecimento da população, instabilidade das estruturas familiares etc.).

Em segundo lugar, e para se chegar ao coração do problema, é necessário distinguir claramente entre os domínios aos quais a nova economia internacional deixa pouca margem de manobra e aqueles em que tal margem ainda existe. Em outras palavras, o novo regime econômico internacional limita a autonomia dos Estados em matéria de políticas macroeconômicas. Essa autonomia reduzida não significa que os Estados devam demolir o arcabouço de proteção social construído desde o fim da Segunda Guerra Mundial. Por outro lado, para continuar a promover as políticas de proteção social é necessário manter o equilíbrio orçamentário. Em alguns casos, políticas sociais "recalibradas" com o apoio dos sindicatos podem ser condição para o sucesso econômico. Os exemplos dos Países Baixos, da Dinamarca e da Suécia ilustram essa tendência. Por outro lado, a busca de uma liberalização contínua da sociedade, passando pelo abandono das proteções sociais, não resulta, necessariamente, no milagre econômico. A Nova Zelândia é um exemplo significativo dessa assertiva.

Para compreender esses dois pontos é necessário reconstituir, brevemente, as condições macroeconômicas e sociais que tornaram possível a edificação dos Estados de Bem-Estar Social desenvolvidos nas décadas de 1960 e 1970. Isso torna possível detectar o que é profundamente novo na situação atual e de mensurar a evolução real das pressões externas sobre as políticas sociais dos Estados.

2. A era de ouro dos Estados de Bem-Estar Social

Para compreender os dados do problema atual, é indispensável, inicialmente, colocar em evidência aquilo que permitiu o florescimento dos Estados de Bem-Estar Social sob o regime internacional de Bretton-Woods.

Durante quase trinta anos, os países da OCDE conheceram um período histórico excepcionalmente feliz: o crescimento da economia, assim como o do emprego, e a redução relativa, mas regular, das desigualdades sociais. Três elementos explicam esse êxito: o regime econômico internacional definido pelos acordos de Bretton-Woods, em primeiro lugar; a nova complementariedade da economia e do social nas políticas keynesianas que dominam os países desenvolvidos, em segundo lugar; as condições estruturais, demográficas, sociais e culturais que embasam o desenvolvimento de generosos Estados Sociais, em último lugar.

Pode-se considerar que os Estados de Bem-Estar Social que virão a conhecer uma expansão considerável, a partir da década de 1950, ilustram a tese da "grande transformação", elaborada por Karl Polanyi.[6] Depois da grande

---

(6) POLANYI, Karl. *La grande transformation*. Paris: Gallimard, 1983 (1944).

Capítulo 5

crise e da guerra, a ideia de proteção necessária contra os riscos é admitida por todos. Sob a égide do regime de Bretton-Woods e da Declaração de Filadélfia, os Estados são legitimamente autorizados a constituir sistemas econômicos produtivos e sociais nacionais que escapam parcialmente às evoluções erráticas dos mercados. Os países assumem o controle de sua economia e de sua moeda e podem perseguir à sua maneira as suas políticas de modernização. A intervenção do Estado na economia é forte. Os setores econômicos protegidos (agricultura e serviços, notadamente) são numerosos. O sistema de câmbios fixos permite os reajustamentos necessários.

Adotando o contraponto da doutrina clássica do *laissez-faire*, outrora dominante, a intervenção do Estado é doravante enunciada de forma imperativa. O keynesianismo torna-se a ideologia econômica que justifica as opções econômicas assumidamente antiliberais e pró-intervencionistas dos modernizadores.[7] A noção de economia mista é a palavra de ordem dos novos tempos. A realização desse modelo de ação keynesiano pode ser medida pela importância do setor nacionalizado, pelo papel essencial dos investimentos públicos diretos ou indiretos, pela utilização das políticas conjunturais de estabilização, pela penetração da burocracia pública no seio do mundo da economia.[8]

As políticas conjunturais do Estado vão no mesmo sentido que as ações mais estruturais. A intervenção do Estado no circuito econômico muda de natureza. Em matéria de teoria de despesas públicas, passa-se da noção tradicional de finanças sadias à noção de finanças públicas funcionais, que exercem um papel essencial no processo de estabilização conjuntural e de repartição das rendas. Partindo da hipótese keynesiana da demanda efetiva e, assim, da possibilidade de um equilíbrio de subemprego, o Estado intervém de maneira mais direta para favorecer o crescimento, estimulando o investimento direto (diretamente pelos investimentos públicos, indiretamente pela política das taxas de juros e pela política fiscal) e favorecendo a manutenção de um consumo elevado por meio de uma política de rendas (princípio do multiplicador).

O crescimento é estimulado por um consumo em alta constante e produz, demais disso, um efeito estabilizador sobre a economia. A terceira dimensão da modernização concerne o domínio social ou, mais precisamente, a capacidade de integrar as forças sociais na obra da modernização. Uma parte desse projeto se realiza de maneira mecânica, como consequência normal das políticas de inspiração keynesiana. Partindo da hipótese da mais forte propensão

---

(7)   Aí incluídos os Estados Unidos. É suficiente reler a obra de SHONFIELD, Andrew. *Le capitalisme moderne*. Paris: Gallimard, 1967.

(8)   Uma leitura neoliberal dessa história comum encontra-se em YERGIN, Daniel; STANISLAW, Joseph. *La grande bataille. Les marchés à l'assaut du pouvoir*. Paris: Odile Jacob, 1998.

ao consumo das classes populares, toda retomada conjuntural vem, de fato, a melhorar a renda relativa das classes trabalhadoras.

A segunda parte do projeto se realiza por meio das políticas de proteção social. Antes da guerra, a proteção social era totalmente orientada para grupos determinados: os indigentes ou os operários situados abaixo de um certo patamar de renda. Depois da guerra, a proteção social estende-se progressivamente a todas as camadas da população: primeiramente aos assalariados, posteriormente aos não assalariados. É a concretização e expansão da seguridade social. Durante todo esse período, os diferentes Estados de Bem-Estar Social têm em comum a busca pela implementação de uma cobertura social sempre mais extensa. Mas os seus esforços continuam a se desenvolver sobre a base dos princípios institucionalizados no passado, de modo que, apesar dos empréstimos tomados aos outros sistemas, eles não deixam de se caracterizar pelos traços distintivos relativos à sua história. Sendo a divisão central aquela que opõe uma lógica de seguro social (sistema bismarckiano), que funda a proteção social na solidariedade profissional, a uma lógica de solidariedade nacional (sistema beveridgiano), cujo objetivo final é fornecer a todo indivíduo o direito a um mínimo vital, independentemente da existência de uma atividade assalariada.[9]

Em todos os países desenvolvidos, os cidadãos esperam obter uma parte crescente de seu bem-estar e de sua renda de prestações independentes de sua atividade no mercado, isto é, que lhe é concedida em razão da pertinência à comunidade nacional, do número de filhos ou de incapacidades temporárias ou definitivas. As políticas de proteção social tornam-se elementos essenciais de mecanismos macroeconômicos de natureza keynesiana. Apesar de tudo, tais elementos se integram nas diferentes filosofias da solidariedade e se encarnam nos regimes de Estados de Bem-Estar Social.[10] Os Estados de Bem-Estar Social escandinavos se apoiam no princípio da igualdade e da justiça social, ao passo que os Estados de Bem-Estar Social continentais privilegiam o respeito aos direitos adquiridos pelo trabalho.

---

(9) "A distinção entre as duas grandes lógicas, bismarckiana e beveridgiana, é um lugar-comum na literatura especializada. Ela opõe: — uma lógica bismarckiana de seguro social baseada no trabalho assalariado (e, há pouco tempo, não assalariado), fundando a proteção social na solidariedade profissional; — uma lógica beveridgiana de solidariedade nacional, que abandona toda referência a uma atividade profissional e cujo objetivo final é fornecer a todo indivíduo o direito a um mínimo vital. No primeiro modelo, a atividade profissional é o fundamento da proteção social (contribuições sociais) e as prestações representam geralmente uma percentagem da renda profissional. No segundo modelo, o direito deriva da cidadania (financiamento pelos impostos) e todos se beneficiam das mesmas prestações". (MERRIEN, 1997, p. 87)

(10) ESPING-ANDERSEN, Gösta. *Les trois mondes de l'Etat-providence*. Paris: Universitaires de France, 1999.

110 Capítulo 5

Do ponto de vista demográfico, econômico e cultural, as condições são particularmente favoráveis. O econômico e o social estão em sintonia. Gösta Esping-Andersen[11] o coloca em evidência : as famílias são estáveis e a natalidade é forte, os homens trabalham a maior parte das suas vidas, as mulheres cuidam das tarefas domésticas, o salário masculino é suficiente para sustentar a família. A demanda de força de trabalho e o crescimento rápido da produtividade oferecem um emprego de tempo integral a todos. Mesmo os operários menos qualificados podem facilmente encontrar empregos bem remunerados na construção ou nas cadeias de montagem das empresas de tipo "fordista". Os empregos de duração indeterminada são a regra. A demanda sustenta a oferta. As numerosas gerações do pós-guerra são ávidas pelos novos bens de consumo industriais. As rendas das famílias crescem regular e rapidamente.

Ao mesmo tempo, os custos sociais são menores. Os anos de aposentadoria são curtos e o número de inativos é bem inferior àquele dos ativos. Os seguros sociais — fundados nas contribuições dos ativos jovens e sempre mais numerosos, cujos recolhimentos são cada vez mais generosos — conferem uma legitimidade maior à seguridade social. Durante todo esse período, a proteção social foi pensada em uma lógica extensiva de generalização e de mutualização dos riscos. Ninguém procura realmente conhecer quem são precisamente os beneficiários e os contribuintes. A ideia de solidariedade legitima totalmente o sistema dos fluxos financeiros e dos fluxos de prestações.

Este Estado Social não se contenta em ser um Estado-protetor (velhice, doença). Ele é igualmente um Estado-redistribuidor e um Estado-estabilizador das relações sociais. Um dos temas essenciais é aquele da redução das desigualdades sociais, da redistribuição do superávit nacional, da importância essencial do equilíbrio e da integração social. E os resultados vão além das expectativas. Desde o fim da Segunda Guerra Mundial, os Estados de Bem-Estar Social têm constantemente alargado o leque dos riscos cobertos, melhorado as prestações concedidas, tornado mais fáceis as condições de acesso aos direitos. A maior parte dos países industrializados conheceu a modernização econômica, o crescimento do poder de compra, a redução relativa das desigualdades sociais, assim como a diminuição progressiva da pobreza.

3. O fim da era de ouro: as reformas sob pressão internacional

O balanço social do "trintênio glorioso" é colocado em discussão no curso da década de 1970, inicialmente de maneira tímida e, posteriormente, de maneira muito mais radical.

---

(11) ESPING-ANDERSEN, Gösta. *Social foundations of postindustrial economies.* Oxford: Oxford University, 1999.

As mudanças internacionais de primeira importância vão rapidamente abalar as configurações edificadas no curso do "trintênio glorioso". O primeiro choque exógeno é constituído pelo fim do sistema monetário de Bretton-Woods, o que torna os países muito mais sensíveis aos movimentos de capitais sobre os quais eles não têm nenhum controle.[12] O segundo é resultante do primeiro e, posteriormente, do segundo choque do petróleo, que cria uma forte pressão inflacionária, ao mesmo tempo em que gera uma crise da demanda interna. As políticas tradicionais de estabilização tornam-se impotentes face ao crescimento simultâneo do desemprego e da inflação. As políticas keynesianas de propulsão da economia pelo consumo ou pelo investimento produzem efeitos perversos em matéria de inflação, de desemprego ou de desequilíbrio da balança de pagamentos. Os governos devem progressivamente admitir que a evolução econômica mundial é dependente de atores econômicos cujas decisões escapam à esfera de influência do Estado.

A abertura econômica internacional se traduz, para todos os países, por uma grande vulnerabilidade frente aos movimentos internacionais de capitais. Não é mais possível empreender políticas econômicas keynesianas expansionistas, sinônimos de déficit orçamentário crescente e riscos inflacionários, sem ser rapidamente sancionado pelos mercados internacionais. A extrema mobilidade dos capitais de curto prazo compromete a possibilidade de conduzir políticas consideradas negativas pelos investidores, tais como uma política orçamentária indulgente, um aumento da pressão fiscal ou dos encargos sociais ou, ainda, políticas sociais generosas.[13] A perda de confiança tem por efeito imediato a fuga dos capitais e por consequência uma queda da moeda, um aumento da taxa de juros a curto prazo ou da dívida pública. Cedo ou tarde, os governos são constrangidos a adotar medidas para restabelecer a confiança e tais medidas vão necessariamente no sentido contrário aos interesses dos trabalhadores.

---

(12)   Cf: EPSTEIN, Gerald. International capital mobility and the scope for national economic management. States against markets. In: BOYER, Robert; DRACHE, Daniel (coord.). *The limits of globalization*. London: Routledge; e SIMMONS, Beth. The internationalization of capital. In: . KITSCHELT, Herbert *et al.* (coord.). *Continuity and change in contemporary capitalism*. Cambridge: Cambrigde University, 1999.

(13)   Recentemente, a queda do euro (dez. 1999) pode verdadeiramente ser atribuída à intervenção do primeiro-ministro alemão Schroeder, a fim de que os bancos interviessem para salvar da falência o "número 1" da construção e trabalhos públicos na Alemanha, a empresa Philipp Holzmann AG. O *Herald Tribune* comenta o acontecimento nesses termos: "Partindo da linguagem usualmente circunspecta dos bancos centrais, Wim Duisenberg, presidente do Banco Central Europeu, reclamou das 'consequências negativas para a imagem da Europa' advindas da ajuda financeira do governo de Schroeder a Philipp Holzmann AG, uma empresa de 150 anos, que é a segunda maior construtora na Alemanha. Enquanto o Sr. Duisenberg falava, o euro estava sofrendo uma baixa recorde. O comissário da União Europeia para a concorrência, Mario Monti, relacionou diretamente a conduta de Schroeder à queda do euro. (SCHMIDT, J. Euro: Schroeder is blamed for a loss of confidence in currency. *The International Herald Tribune*, p. 1-4, 3 de dezembro de 1999)

112 CAPÍTULO 5

Dois exemplos são particularmente ilustrativos das pressões impostas pelo novo contexto internacional: aquele da experiência socialista francesa do início da década de 1980 e aquele da crise sueca do início dos anos 1990.

3.1. O exemplo francês

Em 1981, depois de vinte e três anos na oposição, os socialistas franceses chegam ao poder com base em um programa de governo keynesiano-de-esquerda. As grandes linhas mestras desse programa são a propulsão do consumo, a busca e o aprofundamento de uma política industrial e de nacionalização preconizadas com o objetivo de reconquista do mercado interno. Inclui-se também uma política social e salarial mais favorável aos trabalhadores. No plano econômico, o governo empreende um vasto programa de nacionalizações e uma política de investimentos pesados na pesquisa industrial. No plano social, as medidas tomadas em 1981 e 1982 incluem um aumento das prestações às famílias e do salário mínimo, um aumento dos auxílios-moradia e dos proventos de aposentadoria, bem como a redução da jornada semanal de trabalho de quarenta para trinta horas sem redução salarial.

Mas rapidamente essa política encontra seus limites. O franco francês teve que ser desvalorizado em 3% (outubro de 1981), em 5,75% (junho de 1982) e, posteriormente, em mais 2,5 % (março de 1983). Além disso, o marco alemão é valorizado em 15%. A balança de pagamentos torna-se pesadamente deficitária e o endividamento público insuportável. Em 1983, o governo francês teve que abandonar essa política e se adequar às políticas monetaristas austeras, dando uma prioridade absoluta à luta contra a inflação.

3.2. O exemplo sueco

O exemplo sueco é do mesmo modo, senão mais, ilustrativo. Durante mais de dez anos, a Suécia pareceu poder assumir uma política social generosa sem, para tanto, sofrer as consequências em termos de emprego e de crescimento. A crise do fim da década de 1980 coloca fim a essa esperança.

Até esse período, a evolução sueca pareceu dar razão aos teóricos,[14] demonstrando que estruturas neocorporativistas fortes influenciam de modo

---

(14) SCHMITTER, Ph. Interest intermediation and regime governability. In: BERGER, S. (coord.). *Organizing interests in western Europe*. Cambridge: Cambridge University, 1981; CAMERON, D. Social democracy, corporatism, labour quiescience, and the representation of economist interests in advanced capitalist societies. In: GOLDTHORPE (coord.). *Order and conflict in contemporary capitalism*. Oxford: Oxford University, 1984.

bastante favorável a *performance* econômica. Com efeito, segundo a demonstração clássica de Garrett e Lange,[15] os governos socialistas, sustentados por sindicatos poderosos e fortemente organizados, podem empreender políticas fiscais expansionistas favoráveis ao emprego, mantendo sob controle as pressões inflacionárias, em razão de fracos aumentos reais de salários, pois que os sindicatos seriam capazes de controlar as reivindicações de sua base, que não tem a possibilidade de passar aos quadros de organizações mais radicais.

A política de igualdade salarial das décadas de 1970 e 1980 é um sucesso estrondoso: a taxa de desemprego sueco se estabiliza por volta de 2%, enquanto que ela atinge 9% nos outros países desenvolvidos. Mas esse sucesso é aparente. Na realidade, durante todo esse período, o pleno emprego é mantido graças a uma política muito expansiva de empregos públicos. Entre 1971 e 1986, o número de trabalhadores do setor público dobra, atingindo mais de um terço da força de trabalho.[16]

Nesse contexto, a competitividade da economia sueca apoia-se cada vez mais no recurso a *desvalorizações competitivas*, sendo verdadeiro que estas permitem, por certo tempo, compensar os efeitos inflacionistas dos aumentos salariais. Todavia, não pode se tratar de um instrumento de longo prazo. Com efeito, no início da década de 1990, o Estado sueco conhece uma grave crise de insolvência. A coroa sueca é atacada nos mercados financeiros. A exemplo dos outros países europeus, o governo é obrigado a romper com sua política anterior. Os salários são congelados, as greves são proibidas por certo tempo e o governo opta por uma política monetária rigorosa. A coroa é vinculada ao marco alemão; a estabilidade de preços é fixada como o objetivo número um. O Banco Central torna-se totalmente independente. Mas a opção é tomada em um momento muito ruim, qual seja, aquele da grande recessão internacional. O PNB cai 5%, entre 1991 e 1994, e torna-se totalmente negativo. O desemprego passa de 1,6%, em 1990, a 9,5%, em 1993, e depois a 10,3%, em 1997. Em 1994, o déficit orçamentário se eleva a 14% do PIB[17] e a taxa de desemprego sobe para 13%.

Nos dois países analisados, os governos não puderam escapar das novas regras do jogo internacional que eles haviam subestimado. É verdade que o contexto internacional é profundamente diverso daquele que prevalecia ainda no início da década de 1970. A desregulamentação contínua dos mercados financeiros tornou o capital cada vez mais móvel em sua procura por oportunidades. Além disso, no plano comercial, as negociações do GATT, depois da

---

(15) GARRETT, G.; LANGE, P. Internationalisation, Institutions and political change. *International Organizations,* 49, 4, p. 627-55, 1995.

(16) Para a OCDE, a média é inferior a 15%.

(17) Importa lembrar que o Tratado de Maastricht prevê um déficit máximo de 3%.

CAPÍTULO 5

OMC, diminuíram largamente as barreiras tarifárias às trocas. A concorrência no mercado internacional se aprofunda.

Do ponto de vista analítico, a globalização das trocas pode ser comparada a um movimento de redução internacional do preço dos bens. A concorrência internacional produz um preço mundial e, na ausência de proteções nacionais (proteções alfandegárias, quotas etc.), favorece a divisão internacional do trabalho, conforme o modelo de Ricardo revisto por Hecksher, Ohlin e Samuelson. Os países só podem se opor marginalmente a esse movimento, sob pena de sofrer efeitos perversos (custo para os consumidores, déficits da balança comercial, perda de parcelas de mercados, falências etc.). A concorrência internacional aprofundada, reforçada por uma baixa rápida dos custos dos transportes e das comunicações, permitiu a entrada na competição econômica dos países com baixos níveis de salários. Esses últimos são capazes de produzir a um custo menor os objetos manufaturados, usando intensamente o trabalho.

A partir da metade da década de 1970, o crescimento industrial que tinha sido o motor do desenvolvimento econômico dos países da PCDE torna-se negativo. Ele se traduz por perdas em massa de empregos. Em apenas quatro anos, 1977-1980, a França perde 700.000 empregos industriais. Entre 1970 e 1993, para tomar apenas dois exemplos, a Suécia perde 35% dos seus empregos industriais e a Grã-Bretanha perde 50%.[18] Os setores mais expostos à concorrência internacional, como a extração de carvão, a siderurgia, as indústrias naval e têxtil, conhecem uma crise sem precedentes. As taxas de desemprego[19] nos países da Comunidade Europeia, inferiores em média a 3% em 1974 (2,8%), se elevam para 6% em 1980, depois para 9,9% em 1985, até alcançar 10,2% em 1995, apesar de uma melhora entre 1987 e 1991.

4. O dilema das políticas sociais na economia aberta

Um dos problemas essenciais que devem ser enfrentados por todos os governos é o de saber como manter uma disciplina orçamentária, monetária e fiscal, exigida pela economia internacional, mas continuando a financiar os direitos sociais adquiridos e a cobrir as despesas sociais geradas pela situação de crise (desemprego, pobreza, exclusão). No mesmo momento em que os recursos diminuíram de maneira drástica e que não é mais possível recorrer ao déficit orçamentário, os Estados de Bem-Estar Social são obrigados a financiar maciçamente as medidas de adaptação, a intervir para facilitar as saídas em aposentadoria antecipada, a ajudar as reconversões industriais, a favorecer a

---

(18) Tal percentagem corresponde a 5 milhões de empregos.
(19) Todos esses números foram extraídos de *Labour Force Statistics*, 1977-1997, Paris: OCDE, 1998.

formação profissional e a reciclagem dos trabalhadores, a assegurar uma renda mínima aos menos favorecidos.

Ao mesmo tempo, a baixa natalidade, a entrada cada vez mais tardia na vida ativa e o envelhecimento da população criam sérios problemas. Um número crescente de proventos de aposentadorias deve ser financiado, mas o número de ativos suscetíveis de financiar as aposentadorias e os serviços de saúde dos inativos diminui. Em outras palavras, os Estados de Bem-Estar Social desenvolvidos confrontam-se com um imperativo duplo: assegurar o financiamento de um sistema de proteção social em desequilíbrio estrutural (as contribuições dos ativos asseguram cada vez menos as prestações aos ativos) e financiar, em seu orçamento, as despesas de acompanhamento social, enquanto as suas margens de manobra orçamentárias e fiscais são extraordinariamente restringidas.

As pressões econômicas reais são tão fundamentais que Fritz Scharpf conclui "que, diferentemente das três décadas após a Segunda Guerra, não existe mais hoje uma estratégia keynesiana plausível que possa permitir, em um país, a plena realização de objetivos social-democratas, sem infringir os imperativos funcionais da economia capitalista. Não é mais possível obter simultaneamente o pleno-emprego, o aumento dos salários reais, transferências sociais importantes, e mais serviços públicos. No futuro, a social-democracia somente terá a chance de influenciar a política econômica se ela aceitar plenamente as condições impostas pela economia mundial e as pressões sobre as opções políticas nacionais".[20] Mas a pressão econômica sobre as opções sociais dos governos não pode ser também maior do que afirma Scharpf. A questão da inevitabilidade do fim do social é também objeto de lutas simbólicas intensas, o que é necessário reconstituir antes de abordarmos as trajetórias concretas dos Estados de Bem-Estar Social.

5. A virada neoliberal das políticas sociais

Desde o início da década de 1980, o cenário internacional torna-se um campo de missão dos especialistas neoliberais. A globalização é utilizada como um argumento forte na luta simbólica para justificar análises e proposições que colocam em primeiro plano a crença nas virtudes dos mercados e das associações voluntárias, e que afirmam, ao mesmo tempo, o posto residual que deve ocupar o Estado e a política social. O sucesso dessa interpretação se deve muito ao engajamento nessa luta de grandes organizações internacionais (Banco Mundial, FMI, OCDE), de especialistas internacionais, de organizações

---

(20) SCHARPF, Fritz. *Crisis and choice in European social democracy*. New York: Cornell University, 1991. p. 274-5.

não governamentais envolvidas na promoção de políticas neoliberais em escala internacional.

A primeira das causas que tornou possível o desenvolvimento e a dominação dos novos discursos está incontestavelmente ligada à crise do modelo econômico keynesiano do fim dos anos 1970. A tomada de consciência de anomalias persistentes, tais como o insucesso dos objetivos econômicos, a deterioração de investimento produtivo, os déficits crescentes, a inflação persistente, o desemprego crescente, *produz, ao mesmo tempo, uma crise de confiança nos mecanismos de regulação praticados após a Segunda Guerra Mundial e oferece uma janela de oportunidades aos* "outsiders" *neoliberais.* Essa crise do paradigma keynesiano traz à tona a teoria liberal-clássica renovada. Os "neoliberais" colocam em evidência os efeitos perversos da ação do Estado obstaculizada pelo jogo dos entes privados (desenvolvimento da economia informal, desestímulo ao trabalho, efeitos de exclusão etc.). Outros vão além, invocando os próprios fundamentos da intervenção do Estado: longe de responder a imperativos de interesse geral, a ação do Estado responderia mais aos interesses da "classe burocrática" ou da "classe política".[21]

A partir das décadas de 1970 e 1980, a noção de crise do Estado de Bem-Estar Social encontra um eco internacional. A expressão se refere a dois elementos: a crise financeira dos Estados de Bem-Estar Social e a crise de legitimidade, sendo esta última a que conta mais. As críticas ao Estado de Bem-Estar Social emanam, antes de tudo, de especialistas dos grandes *think tanks*[22] conservadores, tais como a Fundação *Heritage*, o *Fraser Institute*, o *Political Economy Research Center* (nos Estados Unidos), o *Centre for Policies Studies*, o *Institute of Economics Affairs* e o *Adam Smith Institute* (na Grã-Bretanha), para citar apenas os mais conhecidos. O título do relatório da OCDE, de 1981, *A crise do Estado de Bem-Estar Social*, dá o tom das publicações. Para a maioria dos economistas, os Estados de Bem-Estar Social devem ser condenados. Eles produzem efeitos perversos, minando o senso das responsabilidades, da família e do esforço. As proposições dos especialistas são claramente orientadas: é necessário diminuir os encargos do Estado, desregular a economia, suprimir os obstáculos às trocas internacionais, reforçar o sentido das responsabilidades sociais, reduzir o espaço da proteção social.

---

(21) O desenvolvimento da teoria da "escolha pública" (*public choice*), a qual se funda na hipótese de um comportamento racional e egoísta dos burocratas, abala o paradigma do serviço público (o alto funcionário guiado pelo interesse geral) e contribui, aos poucos, para deslegitimar a ação estatal.

(22) N.T.: *Think-tank* é um grupo de especialistas que são reunidos por uma organização, de natureza governamental ou não, com o objetivo de analisar vários problemas e buscar os meios para solucioná-los.

Nos países ocidentais, as ideias econômicas neoliberais, colocando a ênfase na necessidade da desregulamentação dos circuitos econômicos e dos efeitos negativos do Estado Social sobre o crescimento econômico, adquirem um peso crescente ao longo das décadas de 1980 e 1990.[23] Na maioria dos países, a "caixa de ideias" neoliberal é a fonte das inovações em matéria de política econômica, financeira ou social.[24] Em virtude de as receitas de políticas herdadas do passado não funcionarem mais, os governos são conduzidos a procurar soluções novas para sair do impasse. A via da desregulamentação é fortemente preconizada pelas coalizões de empresários, que dispõem, a partir daí, de uma grandíssima influência. Com efeito, a globalização acarreta uma modificação da relação de força entre grandes atores sociais, a qual passa a gerar efeitos sobre as políticas governamentais.[25]

A abolição das barreiras alfandegárias e regulamentares às trocas tem por efeito dar uma vantagem aos atores sociais móveis (empresas industriais, capital financeiro) em relação aos atores sociais relativamente pouco móveis, como os trabalhadores e suas organizações. A ameaça da saída (*"exit"*)[26] por parte dos detentores de capitais voláteis passa a ser mais influente do que a "voz" dos cidadãos ou dos sindicatos. Além disso, a globalização aumenta a importância relativa do setor exposto em relação ao setor protegido. As novas preferências dos atores e uma relação de força sempre mais favorável ao capital modificam completamente as regras do jogo político no cenário doméstico.

As coalizões sindicais e sociais têm um peso menor do que as empresas, das quais dependem o emprego e os recursos orçamentários. Estas últimas podem deslocar seu centro de atividade, exercer chantagem por meio da ameaça de partir ou impor uma redução global dos custos de produção, enquanto que os primeiros (sindicatos) são reduzidos a uma posição estritamente defensiva. Os Estados são pressionados a desenvolver um quadro econômico atrativo: baixos encargos sociais, baixa tributação, direito do trabalho flexível e pouco protetor. No entanto, apesar do atrativo intelectual das novas proposições e as pressões nesse sentido das coalizões patronais, os governos ocidentais têm a escolha do tipo de adaptações a serem feitas. *E, na maioria dos casos, as novas políticas não tomam de empréstimo, senão parcialmente, esse repertório de ação neoliberal.*

---

(23)   Cf. os relatórios da OCDE: *La réforme des régimes publics de pensions.* Paris, 1988; *The future of social protection; La nouvelle politique sociale.* Paris, 1994.

(24)   JOBERT, Bruno (coord.). *Le tournant néo-libéral.* Paris: L'Harmattan, 1996.

(25)   KEOHANE; MILNER (coord.). *Internationalization and domestic politics.* Cambridge: Cambridge University, 1996.

(26)   O economista Hirschman distingue três estratégias possíveis quando indivíduos ou grupos estão insatisfeitos: *exit* (a saída, por exemplo, mudar de fornecedor), a *voice* (o protesto) e, por fim, a *loyalty* (isto é, a manutenção da escolha anterior em função de considerações normativas ou emocionais).

118 CAPÍTULO 5

Os países em desenvolvimento, no entanto, agem de forma bem diferente. Na América Latina, a crise severa dos anos 1980 provoca um reexame completo das políticas desenvolvimentistas seguidas desde os anos 1960. O déficit dramático da balança de pagamentos, os déficits orçamentários, os déficits dos sistemas de seguridades sociais e taxas de inflação consideráveis significam o fim do modelo de desenvolvimento estatal-industrial-desenvolvimentista das décadas anteriores. Essa crise proporciona uma influência considerável aos organismos de crédito internacionais, como o FMI, o Banco Mundial, o Banco Interamericano de Desenvolvimento, os quais, com o apoio de grupos sociais internos desses países, impõem logo de início um programa econômico de ajustes estruturais: medidas de austeridade extremamente severas, uma reorientação da produção em direção à exportação e um programa de desregulamentação e de privatização das atividades estatais e de cortes nos investimentos sociais.

Essas políticas de ajustamento brutais provocam efeitos sociais e econômicos dramáticos: uma queda da atividade econômica, uma baixa do emprego no setor público, um aumento considerável do preço dos bens de consumo (o que decorre, ao mesmo tempo, da profundidade das desvalorizações e da supressão dos subsídios).[27] A taxa de desemprego aumenta muito rapidamente e as taxas de pobreza, já fortes, atingem patamares ainda mais altos. Ao mesmo tempo, os cortes orçamentários conduzem a uma deterioração da situação dos serviços públicos (escolas, hospitais). Os déficits dos regimes de aposentadoria aumentam. Em suma, os efeitos imediatos dessas políticas são a destruição de empregos, o aumento do desemprego, a redução do nível de vida, o crescimento das desigualdades sociais e o desenvolvimento da exclusão e da pobreza em larga escala.

É nesse contexto que as grandes organizações internacionais promovem uma revolução liberal em matéria de proteção social.[28] A partir de 1994, o Banco Mundial, aproveitando de seu papel de credor internacional, torna-se a organização principal em matéria de política social.[29] As políticas públicas de proteção social dos trabalhadores, defendidas pela Organização Internacional do Trabalho, tornam-se objeto de uma intensa campanha de deslegitimação. O Banco Mundial destaca a sua ineficácia, a sua incapacidade de fazer frente aos

---

(27) Cf. THORP, R. *Progress, poverty and exclusion. An economic history of Latin America*. Washington: IADB, 1998.

(28) Cf. DEACON, Bob. *Global social policy*. London: Sage, 1997.

(29) Banco Mundial: *Assistance strategies to reduce poverty*. Washington, 1991; *The east Asian miracle*, 1993; *Averting the old age crisis. Policies to protect the old and promote growth*, 1994; *From plan to market:* assessing aid: what works, what doesn't and why?, 1996. Muito rapidamente, o Banco Interamericano de Desenvolvimento prepara o terreno para o Banco Mundial. O relatório de 1994 — *Social security systems in Latin America* (Washington: IADB) — preconiza o modelo do Banco Mundial.

O Estado de Bem-Estar Social no Século XXI   119

desafios demográficos, seus efeitos antieconômicos. Ele propaga mundialmente um novo programa de política social,[30] cujos pontos fortes são: a privatização dos regimes de aposentadoria (o Chile torna-se o modelo a ser seguido), uma menor seguridade social para a classe média e a limitação da proteção social que beneficia os despossuídos. Os países em via de desenvolvimento e os países ex-comunistas tornam-se um laboratório de experimentações das reformas da proteção social.

O objetivo redistributivo, defendido tradicionalmente pela OIT e pelos profissionais da seguridade social, é abandonado em benefício de uma política de economia individual acompanhada de políticas sociais dirigidas aos mais pobres.[31] Em matéria previdenciária, as grandes organizações preconizam a supressão dos regimes de aposentadorias públicas. O modelo defendido é aquele de três pilares. Um primeiro pilar mínimo, obrigatório e financiado pelos impostos; um segundo pilar privatizado e capitalista; e, por fim, um terceiro pilar apoiado na economia voluntária. A mudança de orientação é radical e traduz-se na perda da influência da OIT no cenário internacional e no aumento do poder do Banco Mundial, que apoia um programa social liberal inovador. A passagem de um sistema de aposentadoria por repartição (*pay-as-you-go*) a um sistema por capitalização gera problemas técnicos reais.[32]

Teria sido bem mais simples introduzir uma reforma do sistema anterior para colocar fim aos abusos, mas as pressões dos organismos internacionais e o apoio das novas elites econômicas fizeram com que — com exceção do Brasil, que recusa essa via — essa opção fosse pouco levada em consideração. Os especialistas da OIT destacam os riscos de reformas que fazem todos os riscos pesarem sobre os indivíduos, mas essas críticas, até o momento, não foram devidamente compreendidas.[33]

Em matéria de saúde,[34] sob a influência do Banco Mundial e do FMI, vários países abandonam a *abordagem universalista* defendida pela OMS. É antes de tudo a UNICEF que rompe com o programa fundador para se aliar à nova

---

(30) Apesar das declarações de neutralidade afirmadas pelo Banco Mundial, os empréstimos são condicionados à adoção das novas políticas. Nesse sentido, é necessário questionar se o Banco Mundial não contradiz a sua declaração de não intervenção política (DEACON, 1997).

(31) BIRDSALL, N.; GRAHAM, C.; SABOT, R. (coords.). *Beyond trade offs. Market reform and equitable growth in Latin America.* Washington: IADB/Brooking Institution, 1998.

(32) As dificuldades são de três ordens: por um lado, os ativos devem continuar a financiar as aposentadorias dos inativos ao mesmo tempo em que constituem o seu próprio capital para a velhice; por outro lado, as perspectivas de rendimentos futuros são muito aleatórias; enfim, todos os riscos pesam sobre os indivíduos. Nós acrescentaríamos que a contribuição patronal desaparece.

(33) Cf. BEATTIE, Roger; MCGILLIVRAY, Warren. A risky strategy: reflections on a world bank report. *International Social Security Review*, v. 48, p. 5-22, 1995.

(34) KOIVUSALO, M.; OLLILA, E. *Making a healthy world.* London: Zed Books, 1997.

tese, deixando pouca opção à OMS, senão aquela de se aliar à nova temática da política social. As novas políticas dão ênfase à necessidade de privatizar as prestações de saúde, apresentadas como particularmente custosas e beneficiárias, sobretudo, das classes médias. O esforço dos governos deve se orientar, antes de tudo, a fornecer os recursos à saúde pública e às políticas dirigidas aos mais pobres. A nova problemática da política de saúde privilegia a contratualização das prestações de saúde (segundo os princípios do *New Public Management*), oferecendo, dessa forma, um lugar importante ao setor privado e aos organismos não governamentais.

Durante a maior parte das décadas de 1980 e 1990, as grandes organizações internacionais tornam-se as maiores defensoras das análises neoliberais em matéria de proteção social, assim como em termos de política de saúde. Nos dois domínios, esse alinhamento ideológico as conduz a uma análise excessivamente crítica das políticas públicas (*State failures*), a subestimar os efeitos perversos das políticas de mercado (*market failures*), tudo as conduzindo à defesa das estratégias arriscadas de privatização, de contratualização e de cortes.

Nos dias atuais, e em seguida, notadamente, dos efeitos sociais desastrosos das crises asiáticas e latino-americanas do fim da década de 1990, o Consenso de Washington tende a se enfraquecer.[35] Os responsáveis das grandes organizações são obrigados a reconhecer a importância do quadro institucional, sem o qual não há mercado possível. O império do mercado não é mais a doutrina dominante. As organizações internacionais passam a reconhecer a necessidade de reforçar as políticas sociais e de lutar mais eficazmente contra a pobreza. A nova doutrina não defende mais um modelo residual de política social, cujos criticáveis efeitos são conhecidos.

Quando se examinam os efeitos combinados do novo regime econômico internacional e do peso crescente das comunidades científicas de inspiração neoliberal, encontram-se dois casos distintos. Os países "subdesenvolvidos"

---

(35) As controvérsias entre as organizações internacionais e em seu próprio seio são crescentes. Exemplo disso são os questionamentos sobre as políticas puramente econômicas e monetaristas do FMI, na Ásia e na Rússia, pelos dirigentes do Banco Mundial em 1998, mas também as divergências internas no Banco Mundial sobre as políticas sociais a desenvolver na Europa central e oriental entre aqueles que Deacon (1997) denomina, com humor, *Brighton boys* e *Californian girls*. Desde o começo da década de 1990, e em seguida aos fracassos dos anos 1980, as políticas sociais preconizadas pelo Banco Mundial são menos neoliberais. Nos últimos tempos, a privatização do setor das aposentadorias passou a não mais ser considerada uma necessidade (STIGLITZ, 1999). A partir de então, o Banco passou a colocar à frente a necessidade de reforçar as estruturas institucionais e estatais antes de introduzir políticas econômicas de liberalização. Assiste-se, embora mais tardiamente, a uma evolução similar no seio do FMI, da OCDE e de outras organizações regionais, tais como o Banco Interamericano de Desenvolvimento ou o Banco Americano de Desenvolvimento, que, a partir de então, colocam a luta contra a pobreza dentre os objetivos prioritários.

O Estado de Bem-Estar Social no Século XXI

encontram-se na obrigação de adotar novas políticas econômicas e sociais. Os países desenvolvidos mantêm uma margem de autonomia bem mais considerável. Todavia, essa comparação não é pertinente, senão parcialmente, para nosso estudo. É difícil colocar no mesmo plano os países desenvolvidos da OCDE e os países em via de desenvolvimento. Antes da crise, estes conheciam apenas uma proteção social muito pouco desenvolvida. Os países desenvolvidos, ao contrário, se caracterizam pela importância dos direitos sociais.

Essa comparação não nos esclarece acerca do grau e da natureza das margens de manobra que permanecem à disposição dos Estados de Bem-Estar Social desenvolvidos, em matéria de proteção social. Para responder a essa questão, é indispensável deixar o nível mais genérico e analisar, primeiramente, as dificuldades específicas apresentadas pelas configurações nacionais dos Estados de Bem-Estar Social e, em segundo lugar, as trajetórias de adaptação seguidas pelos diferentes países.

A partir desse ponto de vista, o exame das trajetórias dos Estados de Bem-Estar Social traz à luz dois fenômenos maiores. O primeiro refere-se a uma relativa convergência, não apenas das políticas macroeconômicas, mas também das políticas sociais no sentido de uma menor generosidade. O segundo é a manutenção de divergências, que refletem parcialmente as trajetórias herdadas e, em parte, as escolhas políticas operadas em período de crise.

6. Trajetórias

Inicialmente, é necessário admitir que, nas últimas décadas, todos os governos ocidentais encontraram-se na obrigação de introduzir — ou de tentar — políticas de racionalização ou de redução dos gastos sociais. As políticas de austeridade, de redução dos benefícios (relativos ao desemprego, à doença, à invalidez), mas também de enrijecimento das condições de acesso aos direitos sociais (em matéria de aposentadoria, desemprego etc.), encontram-se, em um modo ou em outro, em todos os países europeus, bem como nos Estados Unidos, no Canadá, na Austrália e no Japão.

6.1. Convergências relativas

Evidentemente, a maioria das reformas, ou das tentativas, inspiram-se no repertório neoliberal. Em nome da competitividade, a maioria dos países buscou liberalizar as economias, reformar profundamente os serviços públicos,[36] modificar o Direito do Trabalho e a proteção social no sentido de uma

---

(36) SCHWARTZ, H. Public choice theory and public choices: bureaucrats and state reorganization in Australia, Denmark, New Zealand and Sweden. *Administration & Society*, 26, 1, p. 48-77, 1994; HOOD, C. A public management for all seasons. *Public Administration*, 69, p.

menor tutela, introduzir incentivos ao trabalho para os desempregados e os beneficiários da assistência social. O conjunto dessas reformas demonstra uma vontade de reorientação,[37] a qual vai além de uma adaptação pragmática aos problemas enfrentados. Com efeito, medidas de inspiração similar são adotadas nos países tradicionalmente ligados aos direitos sociais, como os países nórdicos, assim como naqueles de tradição liberal.

Para se convencer disso, basta tomar em consideração a evolução das políticas sociais na Suécia sob o governo social-democrata eleito em 1994.[38] A restrição dos gastos sociais faz parte das primeiras medidas adotadas: diminuição do percentual de correspondência dos valores do seguro-desemprego e da aposentadoria ao valor do salário (de 90%, nos anos 80, passou para 75% em 1995), modificação dos critérios de elegibilidade às prestações, aumento das contribuições sociais e redução das prestações sociais em matéria de saúde. A reforma mais importante concerne ao domínio das aposentadorias, pois que passa a ser necessário, para gozar de um provento integral, ter trabalhado durante quarenta anos. O montante da aposentadoria representa a média dos rendimentos de todos esses anos e não, como ocorria anteriormente, dos anos melhores. As aposentadorias não são mais financiadas apenas pelas contribuições dos empregadores, mas pelas contribuições, em partes iguais, dos patrões e dos trabalhadores.

Para reduzir o desemprego, a Suécia recorre pela primeira vez à política de aposentadorias antecipadas. Serviços privados aparecem nos domínios submetidos outrora ao monopólio do Estado: saúde, infância, pessoas idosas. Reformas que se inspiram claramente nos métodos do *New Public Management* são igualmente introduzidas na gestão dos serviços públicos.[39] Uma lei de 1992 permite e encoraja os municípios que dispõem de uma larga autonomia a experimentar novas formas de gestão. As experiências de "gerenciamento por resultados", de mandatos com prestação de contas, da introdução de

---

3-19, 1991; MERRIEN, F. X. La nouvelle gestion publique: une mythologie. *Revue Politiques et Lien Social*, Montréal, p. 33-58, jui./aoû. 1999.

(37) Isso não ocorre apenas em matéria de políticas sociais. As políticas universitárias representam igualmente um exemplo muito bom dessas evoluções. Cf. BRAUN, Dietmar; MERRIEN, Francois Xavier. *Towards a new governance for universities? A comparative perspective.* London: Jessica Kingsley, 1999.

(38) KITSCHELT, H. *The transformation of European social democracy.* Cambridge: Cambridge University, 1994; HUBER, E.; STEPHENS, J. Internationalization and the social model. *Comparative Political Studies*, p. 353-97, jun. 1998.

(39) Schwartz, 1994; OLSON, Olov; SAHLIN, Kerstin. Accounting transformation in an advanced welfare state: the case of Sweden. In: OLSON, O.; GUTHRIE, J.; HUMPHREY, C. (coords.). *Global warning.* Oslo: Cappelen Akademisk Forlag, 1998. p. 241-75.

"vouchers"[40] e outras inovações inspiradas nas receitas liberais em matéria de gestão pública, são particularmente numerosas e apresentam várias similaridades com aquelas introduzidas na Grã-Bretanha ou nos Países Baixos.

Em razão de as receitas de políticas econômicas e sociais herdadas do passado não funcionarem mais, os governos são conduzidos a recorrer à "caixa de ideias" neoliberal. Tudo se passa como se, salvo algumas exceções, os governos do final do século XX, qualquer que seja a vertente política, tenham devido abandonar totalmente a sua crença nas virtudes do modelo anterior, *keynesiano de welfare*, para se dirigir a um modelo "liberal-schumpeteriano".[41] Do mesmo modo que o Estado de Bem-Estar Social keynesiano busca o crescimento conjugado da economia e do social (pleno emprego, políticas de renda) no âmbito estritamente nacional, o modelo schumpeteriano coloca a ênfase na competição e na subordinação do social aos imperativos da economia produtiva (flexibilidade, contrapartidas), no âmbito de uma economia globalizada. Enquanto o primeiro modelo busca limitar a dependência do mercado, o segundo procura, ao contrário, eliminar tudo que se opõe ao seu reinado.[42]

A "remercantilização" (*"remarchandisation"*) da sociedade tem por corolário uma inversão completa de perspectivas ou, em outras palavras, um novo paradigma. Este implica a substituição de um sistema de direitos objetivos por uma série de disposições que visa a tornar o cidadão inteiramente responsável por seu destino. Essa evolução se aplica a todos os campos tradicionais da proteção social: saúde, aposentadoria, desemprego, assistência. É nos domínios do desemprego e da assistência que a revolução liberal é mais radical. O gozo dos direitos é progressivamente reduzido e condicionado à submissão a imperativos de comportamento. Em todos os casos e, de maneira exemplar, no último caso invocado passa-se de uma teoria "solidarista" (EWALD, 1986)[43] a uma teoria individualista da sociedade, em conformidade com o credo liberal do século passado (FREEDEN, 1994).[44] Tudo se passa como se toda vez que o indivíduo entra em uma situação de risco social ele deve passar a avaliar seus próprios méritos e falhas. Isso tem por resultado — previsto e aceito em

---

(40) Doravante os pais podem escolher entre uma escola pública e uma escola privada. Eles recebem um bônus (*voucher*), que abrange 75% dos custos educacionais.

(41) JESSOP, B. The transition to post-fordism and the schumpeterian workfare state. In: BURROWS, R.; LOADER, B. (coord.). *Towards a post-fordist Welfare-state?* London: Routledge, 1994.

(42) Nós nos permitimos de reenviar a leitura ao nosso prefácio em ESPING-ANDERSEN, Gösta. *Les trois mondes de l'Etat-providence. Essai sur le capitalisme moderne.* Paris: Universitaires de France, 1999.

(43) EWALD, François. *l'État-providence.* Paris: Grasset, 1986.

(44) FREEDEN, Michael. Le concept de pauvreté et le libéralisme progressiste au tournant du siècle en Grande-Bretagne. In: MERRIEN, François Xavier (coord.). *Face à la pauvreté.* Paris: Ouvrières, 1994. p. 71-98.

124   Capítulo 5

nome da liberação das energias e da desigualdade dos méritos — o aprofundamento da polarização da sociedade.

No entanto, orientações semelhantes em matéria de políticas sociais não prenunciam uma evolução em direção a um modelo liberal.

7. Divergências

Depois de quinze anos de reformas, continuam a existir diferenças extremamente profundas entre os Estados de Bem-Estar Social. A privatização dos serviços sociais ou a introdução de políticas de mercado no setor social é muito variável. No plano descritivo, é possível, portanto, distinguir em linhas gerais duas trajetórias de Estado de Bem-Estar Social: uma trajetória neoliberal, de um lado, e uma trajetória "social-europeia", do outro lado. A nossa hipótese é que essas trajetórias jamais resultam totalmente da influência da globalização, nem de escolhas coletivas totalmente livres, mas de uma combinação de fatores específicos que se pode simplesmente tentar delinear.

7.1. A trajetória neoliberal

As transformações das políticas sociais nos Estados Unidos, na Grã-Bretanha, na Austrália e na Nova Zelândia ilustram bem a via neoliberal mais radical. Certamente, esses quatro países pertencem à "família liberal dos Estados de Bem-Estar Social".[45] O nível dos gastos sociais é menos elevado do que na Europa continental ou nórdica. A política social é mais de natureza residual. *No entanto, deve-se admitir que, confrontando-se com o período anterior à Segunda Guerra Mundial e comparando-se com os países asiáticos e em via de desenvolvimento, esse bloco de países representa uma forma particular de Estado Social, que desenvolve, de maneira fragmentária e específica, uma proteção social contra os efeitos do mercado.*

No caso dos Estados Unidos, o seguro social relativo à velhice e às pensões, as numerosas leis de assistência social e as deduções fiscais cumprem esse papel. Na Grã-Bretanha, a importância do serviço nacional de saúde, do seguro e assistência à velhice não poderia ser negligenciada. A Austrália e a Nova Zelândia, por sua vez, com a aplicação de leis sociais universalistas, forfetárias e fortemente redistributivas, aparecem até a metade da década de 1950 como um modelo a ser seguido. Em todos esses países, uma extensão relativamente lenta — mas clara — em favor das políticas sociais se efetua ao

---

(45)   Nós tomamos a expressão de empréstimo a CASTLES, Francis. *Families of nations. Pattern of public policy in western democracies*. Adershot: Darmouth, 1993.

longo dos anos 1940 a 1970. Os direitos sociais se generalizam (em matéria de aposentadoria, por exemplo) e as categorias de beneficiários são sempre mais numerosas.

A década de 1980 marca uma ruptura brutal com a evolução anterior. A vontade de destruir o alicerce do Estado Social é claramente afirmada pelos dirigentes políticos. A proteção social é apresentada como contrária à liberdade e à responsabilidade individual e denunciada como a causa maior da estagnação econômica. Nos países acima citados, as tentativas de destruição do Estado Social são numerosas e deliberadas, mesmo se os seus resultados são desiguais.[46]

No caso americano, a evolução cada vez mais liberal das políticas sociais deve-se mais aos problemas políticos e ideológicos internos do que às pressões econômicas externas. A reforma maior é aquela da assistência e resulta de uma percepção sempre mais crítica em relação aos pobres das grandes cidades (*underclass*). A nova política consiste menos em lutar contra as exclusões e mais em obrigar os excluídos a se reintegrar à sociedade do trabalho. A "Lei de Suporte à Família" (*Family Support Act*), de 1988, e, sobretudo, a "Lei de Assistência Temporária às Famílias Necessitadas" (TANF: *The Temporary Assistance for Needy Families*), de 1996, simbolizam essa evolução e a passagem de uma política em favor dos pobres a uma política punitiva de recolocação no trabalho.[47] Por outro lado, as pretensas reformas do sistema público de aposentadorias fracassaram diante da mobilização das associações de aposentados.[48] A adaptação ao contexto internacional é realizada pelos mecanismos clássicos de mercado: redução dos salários e migração dos trabalhadores das regiões em via de desindustrialização rápida e dos setores em crise, em direção às regiões e aos setores econômicos dinâmicos.

Nos casos britânico, neozelandês e australiano, a evolução resulta de uma escolha deliberada em favor da via neoliberal no período de crise econômica maior. O caso neozelandês, menos conhecido do que a experiência thatcheriana e que apresenta a originalidade de ter sido iniciado por um governo trabalhista, fornece uma ilustração desse processo.

---

(46) Cf. MERRIEN, François Xavier. La restructuration des états-providence: 'sentier de dépendance' ou 'tournant néo-libéral'? Une interprétation néo-institutionaliste. *Recherche Sociologique*, Louvain-la-Neuve, n. 2, 2000.

(47) O professor de Direito Peter Edelman considera que essa lei constitui "a pior coisa que Bill Clinton fez" (*"the worst thing Bill Clinton has done"*) (Atlantic Monthly, mar.1997). Por tal razão, ele pediu demissão de seu cargo na administração federal.

(48) PIERSON, Paul. *Dismantling the welfare state? Reagan, Thatcher and the politics of retrenchment.* Cambridge: Cambridge University, 1994.

126   Capítulo 5

7.2. A virada neoliberal das políticas neozelandesas

Nos anos 1960, sob a ação de governos trabalhistas (1957-1960 e 1972-1975), a Nova Zelândia constitui-se como um Estado de Bem-Estar Social avançado. Na realidade, a proteção social como "barreira contra os malefícios do mercado autorregulador", para retomar as palavras de Polanyi, consiste mais em políticas reguladoras e políticas salariais do que em políticas de transferências sociais. A primeira defesa consiste em barreiras protecionistas elevadas contra os produtos estrangeiros; a segunda, em políticas de regulação e de igualdade salarial; a terceira, em uma política generosa de subsídio da moradia e de serviços públicos gratuitos (hospitais, escolas, universidades). Os três instrumentos proporcionam salários relativamente elevados e, em período de crescimento e de pleno emprego,[49] uma pressão fiscal modesta.

Foi no contexto de crise econômica[50] e de incertezas sobre as políticas a serem adotadas que o partido trabalhista, retomando o poder em 1984, rompe com a política tradicional estatal e protetora, seguida tanto pelos trabalhistas quanto pelos conservadores desde os anos 1930. O Partido Trabalhista (*Labour Party*) passa a introduzir uma política de inspiração neoliberal, seguida de maneira radical pelos conservadores a partir de 1990. Segundo Jane Kelsey (1995),[51] a política de ruptura se resume em cinco pontos: uma política monetária e financeira liberal, a liberalização dos mercados e do comércio, a desregulamentação progressiva do mercado de trabalho, a redução e modificação da proteção social, a reorganização do Estado.

A partir da chegada ao poder dos trabalhistas, o controle do câmbio é suprimido e os mercados financeiros liberalizados. O controle dos preços, dos salários, da taxa de juros e do crédito, anulados. O governo adota uma política monetarista anti-inflacionária, seguindo a linha do "Consenso de Washington".[52] Essa política é completada pela eliminação dos subsídios à exportação e de barreiras à importação.[53] A maior parte das cláusulas que limitam os investimentos estrangeiros desaparece. No plano interno, novas leis suprimem os obstáculos à concorrência. As empresas públicas são pri-

---

(49) De 1960 a 1974, a taxa média de desemprego aumenta 0,17%.

(50) Durante as eleições de 1984, os capitais fugiram do país, causando uma grande crise financeira. O dólar neozelandês teve que ser desvalorizado em 20%.

(51) KELSEY, J. *The New Zealand experiment. A world model for structural adjustment?* Auckland: Auckland University, 1995.

(52) O "Consenso de Washington" refere-se à nova ortodoxia em matéria de políticas econômicas, que se impõe no plano internacional na década de 1980 com o apoio da administração Reagan e do FMI.

(53) Uma das consequências é a falência dos setores não competitivos. Assim, entre 1986 e 1991, o setor industrial perde 25% de seus efetivos, o setor agrícola 15% (OCDE, 1996).

O Estado de Bem-Estar Social no Século XXI

vatizadas.[54] A pressão fiscal é claramente reduzida.[55] Os impostos diretos são diminuídos e os indiretos, incidentes sobre o consumo, são aumentados.

No plano social, o governo passa a restringir o valor das prestações sociais ou torna a sua concessão mais difícil: os jovens com menos de 18 anos não podem mais se beneficiar do seguro-desemprego, a idade da aposentadoria é fixada em 67 anos, o programa de habitação social é interrompido, as condições para se beneficiar da assistência tornam-se cada vez mais duras. Quando da campanha eleitoral de 1990, o governo socialista se vangloria de ter economizado 800 milhões de dólares neozelandeses em despesas sociais por ano. A reforma do Estado, inspirada nas teorias do *Public choice*, é também radical e se funda em uma total contestação do modelo clássico de administração pública. O estatuto dos funcionários é suprimido, os métodos de gerenciamento do setor privado são instaurados no seio das agências paraestatais. Os respectivos setores da saúde, da educação e das universidades[56] são modificados no mesmo sentido.

Na Nova Zelândia, assim como na Grã-Bretanha, o choque econômico é o primeiro elemento que conduz ao questionamento da herança social. Mas enquanto que nesses países a influência das novas ideias é associada à conquista do poder, na América Latina a dependência frente aos grandes organismos de crédito exerce um papel primordial na influência que exercem as novas comunidades científicas internacionais.

Em sentido oposto à orientação radical direcionada ao modelo neoliberal, a trajetória "social europeia" pode ser definida como uma forma de adaptação às pressões internacionais no contexto de sistemas sociais herdados que determinam as vias estreitas das reformas possíveis.

7.3. A trajetória "social europeia"

Os países europeus não tiveram que se adaptar apenas à nova economia internacional: com o Tratado de Maastricht,[57] eles impuseram a si próprios

---

(54) Proporcionalmente, a Nova Zelândia trabalhista privatiza mais empresas públicas que a Grã-Bretanha sob o Governo Thatcher.

(55) A redução fiscal introduzida em 1988 fez com que a alíquota máxima do imposto sobre as rendas elevadas passasse de 48% a 33%, tornando-se, assim, uma das mais baixas dentre os países da OCDE (33%).

(56) MCINNIS, R. Less control and more vocationalism: the Australian and New Zealand experience. In: SCHÜLLER, T. (coord.). *The changing university*. Milton Keynes: Open University, 1995.

(57) N.T.: O Tratado de Maastricht, também conhecido como Tratado da União Europeia, foi assinado em 7 de fevereiro de 1992 e entrou em vigor em 1º de novembro de 1993. Consagrando oficialmente o nome "União Europeia", em substituição ao de "Comunidade Europeia", esse

condições suplementares.[58] Os remanejamentos orçamentários e as desvalorizações competitivas não são mais possíveis quando a situação econômica impõe gastos sociais de adaptação consideráveis; os Estados não têm outra alternativa senão procurar limitar as suas despesas de proteção social. Por necessidade, as preocupações orçamentárias e microeconômicas assumiram um lugar muito mais importante do que no passado.

Nesse contexto, é necessário admitir que todos os governos europeus tomaram de empréstimo uma parte das suas políticas sociais do receituário neoliberal: a nova gestão pública, a criação (ou o projeto) de fundos de pensão privados, a imposição de maiores condições de acesso aos benefícios de assistência ou de desemprego refletem indubitavelmente essa influência. Outras reformas podem ser observadas, como as pesquisas pragmáticas de adaptação a situações novas, com relação a fundos de empréstimos recíprocos e de aprendizagem coletiva. A tendência geral é a redução do valor das aposentadorias, com a modificação de determinados aspectos desse direito (elevação da idade legal, aumento do tempo de contribuição, modificação da forma de cálculo).

Vários Estados-membros da União Europeia (Alemanha, Suécia, França) também reduziram os valores do seguro-desemprego. Além das medidas de austeridade, muitos países europeus buscam introduzir uma reorientação do seu sistema de proteção social. Os países escandinavos tendem a acrescentar uma dimensão contributiva, para obter dos trabalhadores um envolvimento maior e comportamentos mais responsáveis. Os empregados estáveis passam a receber um seguro-desemprego e um benefício, calculados em função do salário anterior. A gestão pelas organizações sindicais e patronais se generaliza. Em tais países, o setor associativo exerce um papel muito mais importante do que no passado e o setor puramente privado começa a se desenvolver.

Os países de tradição bismarckiana buscam, ao contrário, evoluir parcialmente em direção a um sistema dito de solidariedade nacional (ou seja, fiscalizado), destinado a cobrir as necessidades sociais nos domínios externos ao trabalho (saúde, família, políticas ativas de emprego, renda mínima etc.). Eles procuram igualmente introduzir políticas sociais ativas (favorecer a inserção profissional e social) — outrora apanágio dos países nórdicos — e não apenas passivas (concessão de benefícios). Os direitos às prestações são restringidos; no entanto, a noção de direitos sociais da cidadania permanece incontornável. Definitivamente, nesses países as tradições políticas e culturais impedem toda orientação profunda dirigida a um modelo totalmente neoliberal.

---

tratado marca o inicio do processo de união monetária, para a adoção de uma moeda única: o euro.

(58) Cf. COHEN, Elie. *La tentation hexagonale. La souveraineté à l'épreuve de la mondialisation.* Paris: Fayard, 1996.

O Estado de Bem-Estar Social no Século XXI

A análise das evoluções europeias permite, no entanto, distinguir duas formas de evolução. Uma evolução de adaptação obtida sob a forma da renovação dos pactos sociais e uma adaptação forçada, com base em conflitos e compromissos difíceis. Suécia, Holanda e Dinamarca simbolizam bem a primeira evolução. França, Bélgica, Itália e Alemanha, a segunda.

8. Capacidade de reformas e arranjos sociais

A primeira é fundada em uma forte capacidade de negociação coletiva, de reexame das prestações do Estado Social e uma recusa do dualismo social. Nesse aspecto, o caso holandês é particularmente exemplar. Com efeito, na metade dos anos 1980, a expressão "doença holandesa" é correntemente empregada. Os Países Baixos tornaram-se um dos Estados de Bem-Estar Social mais generosos no mundo, o segundo na Europa, logo após a Suécia, em matéria de gastos sociais. Mas esse Estado Social superdesenvolvido caracteriza-se também por um insucesso econômico dramático. Em 1984, mais de 14% dos holandeses estão desempregados, um número equivalente de trabalhadores deixou o mercado de trabalho em benefício de aposentadorias antecipadas ou de aposentadorias por invalidez. Em seu estudo nacional, a OCDE estima que caso sejam adicionados aos desempregados declarados, as pessoas à procura de trabalho, os beneficiários de aposentadorias antecipadas e de aposentadorias por invalidez capazes de trabalhar, a taxa real de desemprego aproxima 27% da força de trabalho.

Alguns anos mais tarde, com uma taxa de desemprego reduzida de 12% (1983) para menos de 4%, rendimentos reais em alta de 3%, taxa de juros inferior àquela do Bundesbank em meio ponto, uma taxa de inflação baixa e um forte excedente comercial, *a Holanda torna-se um modelo. O coração do Estado Social se mantém, os direitos sociais são muito elevados e o bem-estar social é repartido de forma mais harmoniosa do que nos outros países europeus* (com exceção dos países escandinavos). Os fatores desse sucesso são quatro: a introdução da política de moderação salarial negociada e realizada pelo grande acordo tripartite de 1982 (acordos de Wassenaar), a reforma bem-sucedida do sistema de seguridade social na metade dos anos 1990, a prática de políticas ativas voluntaristas, a repartição do trabalho. Segundo Jelle Visser e Anton Hemerijk, foi o ressurgimento de um corporativismo lúcido que permitiu "esse milagre".[59]

A evolução sueca apresenta algumas semelhanças. Tendo reconquistado o poder em 1994, os social-democratas souberam aprender as lições dos seus erros. O seu programa possui três fundamentos: uma política econômica

---

(59) VISSER, Jelle; HEMERIJK, Anton. *A Dutch miracle. Job growth, welfare reform and corporatism in the Netherlands*. Amsterdam: University, 1997.

130 CAPÍTULO 5

agressiva em sintonia com a economia mundial, por um lado; uma política de modernização e de descentralização dos serviços públicos em consonância com as aspirações das novas camadas médias, em segundo lugar; por fim, uma política social moderada, preocupada em evitar todo e qualquer divórcio com a sua base social. Algumas transformações introduzidas são bastante semelhantes àquelas observadas nos outros países europeus, como o desenvolvimento dos contratos a tempo determinado e dos empregos temporários. Os trabalhadores a tempo integral continuam, no entanto, a se beneficiar de leis protetoras. A Suécia permanece ancorada na herança social universalista-igualitária e, do ponto de vista internacional, continua a praticar uma política social muito generosa.[60] A percentagem de pobres é uma das mais baixas da União Europeia e a duração média da situação de pobreza é relativamente curta (5,5 meses). Ao mesmo tempo, a taxa de ocupação da população é muito alta, a taxa de desemprego caiu para 6,1% e o orçamento do Estado é superavitário.

Nesses dois casos, a capacidade de enfrentar com sucesso a pressão externa é função da qualidade e da força de cooperação entre o capital, o trabalho e o Estado.[61] A atitude do empresariado, dos sindicatos e do Estado de celebrar compromissos sobre as políticas a seguir é considerada como um fator particularmente positivo em matéria de estratégia econômica. A força do consenso social permite uma maior flexibilidade e uma maior eficácia para enfrentar os desafios econômicos internacionais. A política de consenso permite, por sua vez, um grau elevado de justiça social e uma cooperação social, que é sinônimo de produtividade industrial. Do ponto de vista político, esse sistema proporciona instituições estáveis, um menor grau de conflitos sociais e uma maior capacidade de ação coletiva.

9. Conflitos políticos e capacidade de reforma da proteção social

A situação dos países que possuem um sistema continental de Estado de Bem-Estar Social, ou seja, que se apoia antes de tudo nas contribuições sociais assentadas sobre o trabalho, é menos favorável, sobretudo quando, como na França e na Bélgica,[62] existe uma cultura de conflitos políticos. Por um lado, no sistema bismarckiano, sendo as prestações sociais garantidas como direito

---

(60) KAUTTO, M.; HEIKKILA, M.; HVINDEN, B.; MARKLUND, S.; PLOUG, N. (coords.). *Nordic social policy*. London: Routledge, 1999.

(61) GARRETT, G. *Partisan politics in the global economy*. Cambridge: Cambridge University, 1998.

(62) O caso alemão é diferente, vez que os sindicatos são fortes. Todavia, a Alemanha enfrenta uma crise econômica real, acompanhada de um aumento importante do desemprego. Alguns atribuem essa crise à incapacidade de ingressar na via da economia pós-industrial (estratégia industrial bloqueada), outros a uma razão conjuntural: os custos da integração demasiadamente rápida da Alemanha Oriental.

adquirido, a orientação radical dirigida a um sistema neoliberal é dificilmente praticável. Os grupos de beneficiários do Estado de Bem-Estar Social (sindicatos, trabalhadores, aposentados, agentes e usuários dos serviços públicos) têm a capacidade de se opor com êxito à introdução de políticas radicais.

Por outro lado, os custos da proteção social tornam-se um encargo extremamente elevado, em razão tanto da evolução estrutural (envelhecimento da população, aumento dos gastos em saúde), quanto dos custos de ajustamento (custo do desemprego, das medidas de assistência, das aposentadorias antecipadas). A prioridade dos governos foi a de favorecer a todo custo a competitividade do setor econômico aberto à concorrência internacional. As empresas não competitivas deixaram de ser apoiadas. As condições de dispensa foram facilitadas, os desligamentos por aposentadoria antecipada dos trabalhadores de mais idade foram sistematicamente utilizados como meio de reforçar a produtividade das empresas. Isso tem por resultado a lucratividade crescente e espetacular das empresas e balanças comerciais positivas, por um lado, mas o desemprego elevado e a pobreza crescente, por outro lado.

O caso francês[63] ilustra muito bem os dilemas das políticas sociais submetidas à pressão internacional quando a capacidade de obter compromissos sociais internos é muito limitada. A dificuldade em restringir os gastos de proteção social pressiona os governos a recorrerem a protelações ou a buscar soluções *ad hoc*. A impossibilidade de tocar os direitos sociais adquiridos pelo núcleo duro dos trabalhadores (*insiders*) tem como contrapartida uma diminuição rápida e significativa dos direitos dos *outsiders*. O apego ao conceito de Estado de Bem-Estar Social conduz a multiplicar as políticas de assistência sem resultar em uma verdadeira integração social. O conjunto desemboca em uma sociedade profundamente dual.

No setor da proteção social dos trabalhadores, a aceitação da nova ortodoxia econômica tem por efeito obrigar os sucessivos governos franceses a limitar tanto quanto possível as despesas e os déficits dos regimes de seguridade social. As medidas empregadas com maior frequência consistem em aumentar as contribuições sociais e pessoais a cargo dos segurados sociais, tornar mais restritas as condições de acesso aos direitos (por exemplo, aumentando os requisitos para se beneficiar de uma aposentadoria integral). Mas os sucessivos planos sociais, seja em matéria de saúde (plano Bérégovoy de 1983, plano Seguin de 1986, plano Aubry de 1999), seja em matéria de aposentadoria (plano Balladur, plano Juppé, projetos do governo Jospin), são insuficientes para limitar os déficits. Um outro caminho passa pelos novos modos de financiamento. A

---

(63) MERRIEN, François Xavier. Social welfare and the rhetoric of solidarity in France. *APSA Congress*, Atlanta, ago. 1999.

132 Capítulo 5

instauração da CSG (contribuição social generalizada) evita ter que aumentar o peso dos encargos sociais.

Mas os projetos mais audaciosos sucumbem frente à mobilização dos trabalhadores e dos sindicatos. O caso mais recente e ilustrativo é aquele do plano Juppé de 1995. Essa reforma de racionalização do sistema de seguridade social que, na essência, não está tão distante das proposições do partido socialista, é quase totalmente abandonada frente às oposições políticas e sindicais.[64] O partido socialista, reconduzido ao poder em 1996, se recusa desde então a adotar as medidas necessárias que poderiam se revelar impopulares. No setor das políticas de assistência, os resultados não são mais satisfatórios.

A "Renda Mínima de Inserção" (RMI), criada em 1988, suscitou grandes esperanças. Os resultados, no entanto, causaram decepção. O número de beneficiários cresce constantemente, representando mais de um milhão de pessoas em 1999. As medidas de inserção são quase inexistentes e o número de titulares da RMI que reencontraram um trabalho é muito baixo. Na França, a políticas "ativas" são numerosas, mas, diferentemente dos países escandinavos, elas têm uma eficácia baixa. As diferentes políticas seguidas em favor dos jovens sem emprego podem servir de exemplo. Os jovens pouco qualificados passam de um "emprego-solidariedade" a um outro e frequentemente retornam ao desemprego ou ao benefício da RMI quando os seus direitos terminam.[65]

O balanço francês é longe de ser exemplar. Por um lado, os trabalhadores do núcleo duro da força de trabalho continuam a se beneficiar de regimes de seguridade social avantajados (em matéria de saúde, de aposentadoria) e de um Direito do Trabalho protetor. Na outra extremidade, os *outsiders* (jovens sem qualificação ou sem experiência profissional, mulheres sem qualificação) conhecem uma piora rápida da sua proteção. O contrato a tempo determinado e o contrato interino tornam-se a regra para eles. As suas condições de trabalho têm efeitos negativos sobre os seus direitos sociais (notadamente em matéria de seguro-desemprego e, sobretudo, a longo prazo, em matéria do seguro à velhice[66]).

A França é o oposto exato dos regimes sociais corporativistas. Os sindicatos, que representam apenas uma pequena parte da sociedade salarial,[67]

---

(64) MERRIEN, F. X.; BONOLI, G. Implementing major welfare state reforms. A comparison of France and Switzerland. A new-institutionalist approach. In: KUHNLE, Stein (coord.). *Survival of the European welfare state*. London: Routledge, 2000. p. 128-45.

(65) DARES. *Quarante ans de politique de l'emploi*. Paris: La Documentation Française, 1996.

(66) Em razão da baixa duração das suas contribuições sociais, eles terão direito apenas a aposentadorias irrisórias.

(67) A taxa de sindicalização passou de 22%, em 1970, a 19%, em 1980, a 12%, em 1988, e finalmente a 9%, em 1994. Acrescentamos que os sindicalizados se dividem entre quatro organizações rivais.

detêm uma capacidade de mobilização e protesto forte. Mas esta última se exerce essencialmente em benefício dos trabalhadores e dos ex-trabalhadores (aposentados). A capacidade de entrar em negociação sobre uma solução coletiva é inexistente. O consenso sobre certas medidas como a aposentadoria antecipada, largamente utilizada na França, é ambíguo. A medida é muito popular entre os trabalhadores, mas ela não cria empregos para os jovens. Ela permite às empresas racionalizar a sua produção e tem um peso elevado nos gastos de aposentadoria. Os excluídos do mercado de trabalho sofrem, por sua vez, uma deterioração rápida dos seus direitos sociais. A única contrapartida é o benefício de mínimos sociais, situados em um nível extremamente baixo.

Em conclusão, a posição francesa pode ser definida da seguinte maneira: uma racionalização difícil da seguridade social pelo método experiência/ aposentadoria, por um lado; a potencialização do lucro das empresas pelo "emagrecimento" dos quadros efetivos e a melhoria geral das qualificações e dos processos produtivos, por outro lado; por fim, uma política de assistência residual que permite manter a ficção da solidariedade nacional e a paz social. O resultado é que se a França conhece há dois anos um dos mais fortes crescimentos econômicos na Europa, a taxa de desemprego permanece superior a 10% (o dobro para os jovens) e o número de beneficiários da assistência é superior a um milhão.

É difícil assemelhar totalmente a evolução francesa àquela dos outros Estados de Bem-Estar Social continentais. No entanto, os problemas que eles enfrentam são bastante semelhantes: em primeiro lugar, a necessidade de reduzir as contribuições sobre os salários, que pesam sobre a competitividade das empresas, evitando, ao mesmo tempo, os riscos sociais mais graves que essas medidas ameaçam desencadear; em segundo lugar, a necessidade de manter um esforço social importante para permitir a transição econômica e a dificuldade de resolver a questão do emprego. O dilema, busca de competitividade/manutenção da solidariedade nacional, é, assim, particularmente sério.

10. Considerações conclusivas

Em conclusão, o regime econômico internacional no seio do qual se movem os Estados de Bem-Estar Social é profundamente diverso daquele das décadas seguintes à Segunda Guerra Mundial. A transformação das condições externas desestabiliza o fundamento das políticas sociais keynesianas anteriormente conduzidas e torna impossível ou difícil a manutenção pelos dirigentes políticos do programa político dos anos de grande crescimento industrial. Em um contexto de desregulamentação internacional, toda política, orçamentária ou monetária, expansionista se traduz por uma crise econômica.

As margens de manobra são, assim, restritas. Políticas orçamentárias, monetárias e fiscais restritivas, associadas a uma política de oferta, são, de uma certa maneira, a única opção possível. A resolução da questão social é tanto mais delicada quanto maior a seriedade dos problemas internos. Todos os Estados desenvolvidos enfrentam problemas sociais novos, que derivam seja do novo contexto internacional (desindustrialização, desemprego, pobreza), seja de evoluções sociológicas (envelhecimento da população, menor estabilidade das estruturas familiares). O novo dilema das políticas sociais é, assim, o de saber como manter o esforço social indispensável quando os remanejamentos e as medidas aplicadas ao orçamento ou à inflação não são mais possíveis.

Nesse contexto, as receitas defendidas pelas novas comunidades científicas neoliberais possuem uma grande influência. As soluções preconizadas — privatização dos sistemas de saúde e de aposentadorias, reforma das prestações sociais, emagrecimento do Estado de Bem-Estar Social, liberação das energias individuais — têm como ponto comum o de permitir a redução dos ônus orçamentários dos problemas sociais. Além disso, o programa é muito apreciado pelos detentores de capitais, que investem mais facilmente nos países onde os impostos ou os encargos sociais são baixos.

Todavia, a análise concreta das trajetórias dos Estados de Bem-Estar Social revela que existem poucos sinais de transformações profundas e estruturais desses Estados, que permitam falar globalmente do fim ou do declínio generalizado dos Estados de Bem-Estar Social. Muito pelo contrário, *mesmo quando existem reorientações, revisões ou adaptações dos sistemas de seguridade social, parece que — salvo no caso de alguns países pouco numerosos, que optaram pela via neoliberal — a maioria dos governos se esforça para manter o coração do seu Estado Social.*

A análise permite evidenciar quatro modelos de reorientação: uma reorientação por pressão, que é aquela dos países em desenvolvimento; uma reorientação escolhida, que é aquela dos países que optaram a favor das soluções neoliberais; uma reorientação consensual, com base em ajustes concertados; uma reorientação pragmática, onde os conflitos sociais não permitem encontrar soluções consensuais. Em cada um dos casos, a globalização é tão somente um dos fatores que influenciam a reorientação das políticas sociais.

Com efeito, uma comparação das performances econômicas dos países desenvolvidos ao longo dos últimos dez anos mostra claramente que aqueles que optaram por seguir mais fielmente a via liberal nem sempre são os que lograram maior êxito. De fato, os países que foram mais bem-sucedidos não são necessariamente aqueles cujos salários são os mais baixos, nem os que mais desestruturaram o mercado de trabalho (como a Nova Zelândia ou a Grã-Bretanha), mas, ao contrário, os países que combinaram: capacidade de negociação coletiva, reexame das prestações sociais (é onde a França encontra dificuldades, pela falta de consenso social), esforço de solidariedade global e recusa do dualismo social (como a Holanda, a Suécia e a Dinamarca).

11. Referências bibliográficas

BEATTIE, Roger; MCGILLIVRAY, Warren, A risky strategy: reflections on a world bank report. *International Social Security Review*, v. 48, p. 5-22, 1995.

BIRDSALL, N.; GRAHAM, C.; SABOT, R. (coords.). *Beyond trade offs. Market reform and equitable growth in Latin America*. Washington: IADB/Brooking Institution, 1998.

CAMERON, D. Social democracy, corporatism, labour quiescience, and the representation of economist interests in advanced capitalist societies. In: GOLDTHORPE (coord.). *Order and conflict in contemporary capitalism*. Oxford: Oxford University, 1984.

CASTLES, Francis. *Families of nations. Pattern of public policy in western democracies*. Adershot: Darmouth, 1993.

COHEN, Elie. *La tentation hexagonale. La souveraineté à l'épreuve de la mondialisation*. Paris: Fayard, 1996.

DARES. *Quarante ans de politique de l'emploi*. Paris: La Documentation Française, 1996.

DEACON, Bob. *Global social policy*. London: Sage, 1997.

EPSTEIN, Gerald. International capital mobility and the scope for national economic management. In: BOYER, Robert; DRACHE, Daniel (cords.). *States against markets. The limits of globalization*. London: Routledge.

ESPING-ANDERSEN, Gösta. *Les trois mondes de l'état-providence*. Paris: Universitaires de France, 1999.

_____ . *Social foundations of postindustrial economies*. Oxford: Oxford University, 1999.

_____ . *Welfare states in transition*. London: Sage, 1996.

EWALD, François. *l'état-providence*. Paris: Grasset, 1986.

FREEDEN, Michael. Le concept de pauvreté et le libéralisme progressiste au tournant du siècle en Grande-Bretagne. In: MERRIEN, François Xavier (coord.). *Face à la pauvreté*. Paris: Ouvrières, 1994.

GARRETT, G. *Partisan politics in the global economy*. Cambridge: University, 1998.

GARRETT, G.; LANGE, P. Internationalisation, institutions and political change. *International Organizations*, 49, 4, p. 627-55, 1995.

GILBERT, Neil (coord.). *Targeting social benefits*. New Brunschwig, 2000.

HOOD, C. A public management for all seasons. *Public Administration*, 69, p. 3-19, 1991.

HUBER, E.; STEPHENS, J. Internationalization and the social model. *Comparative Political Studies*, p. 353-97, jun. 1998.

JESSOP, B. The transition to post-fordism and the Schumpeterian workfare state. In: BURROWS, R.; LOADER, B. (cords.). *Towards a post-fordist welfare-state?* London: Routledge, 1994.

JOBERT, Bruno (coord.). *Le tournant néo-libéral*. Paris: L'Harmattan, 1996.

KAUTTO, M.; HEIKKILA, M.; HVINDEN, B.; MARKLUND, S.; PLOUG, N. (coords.). *Nordic social policy*. London: Routledge, 1999.

KELSEY, J. *The New Zealand experiment. A world model for structural adjustment?* Auckland: Auckland University, 1995.

KEOHANE; MILNER (coords.). *Internationalization and domestic politics*. Cambridge: University, 1996.

KITSCHELT, H. *The transformation of European social democracy*. Cambridge: University, 1994.

KOIVUSALO, M.; OLLILA, E. *Making a healthy world*. London: Zed Books, 1997.

MCINNIS, R. Less control and more vocationalism: the Australian and New Zealand experience. In: SCHULLER, T. (ccord.). *The changing university*. Milton Keynes: Open University, 1995.

MERRIEN, François Xavier. La nouvelle gestion publique: une mythologie. *Revue Politiques et Lien Social*, Montréal, p 33-58, jul./ago. 1999.

_____ . La restructuration des États-providence: 'sentier de dépendance' ou 'tournant néo-libéral'? Une interprétation néo-institutionaliste. *Recherche Sociologique*, Louvain -la-Neuve, n. 2, 2000.

MERRIEN, François Xavier. Prefácio. In: ESPING-ANDERSEN, Gösta. *Les trois mondes de l'Etat-providence. Essai sur le capitalisme moderne*. Paris: Universitaires de France, 1999.

_____ . *Social welfare and the rhetoric of solidarity in France*. Atlanta: APSA Congress, ago. 1999.

MERRIEN, François Xavier; BONOLI, G. Implementing major welfare state reforms. A comparison of France and Switzerland. A new-institutionalist approach. In: KUHNLE, Stein (coord.). *Survival of the European welfare state*. London: Routledge, 2000.

MERRIEN, François Xavier; BRAUN, Dietmar. *Towards a new governance for universities? A comparative perspective*. London: Jessica Kingsley, 1999.

OCDE. *La nouvelle politique sociale*. Paris: OCDE, 1994.

_____ . *La réforme des régimes publics de pensions*. Paris: OCDE, 1988.

_____ . *Labour Force Statistics, 1977-1997*. Paris: OCDE, 1998.

OLSON, Olov; SAHLIN, Kerstin. Accounting transformation in an advanced welfare state: the case of Sweden. In: OLSON, O.; GUTHRIE, J.; HUMPHREY, C. (coords.). *Global warning*. Oslo: Cappelen Akademisk Forlag, 1998.

PIERSON, Paul. *Dismantling the welfare state? Reagan, Thatcher and the politics of retrenchment*. Cambridge: Cambridge University, 1994.

POLANYI, Karl. *La grande transformation*. Paris: Gallimard, 1983.

SCHARPF, Fritz. *Crisis and choice in European social democracy*. New York: Cornell University, 1991.

SCHMITTER, Ph. Interest intermediation and regime governability. In: BERGER, S. (coord.). *Organizing interests in western Europe*. Cambridge University, 1981.

SCHMIDT, J. Euro: Schroeder is blamed for a loss of confidence in currency. *The International Herald Tribune*, p. 1-4, 3 dez. 1999.

SCHWARTZ, H. Public Choice theory and public choices: bureaucrats and state reorganization in Australia, Denmark, New Zealand, and Sweden. *Administration & Society*, 26, 1, p. 48-77, 1994.

SHONFIELD, Andrew. *Le capitalisme moderne*. Paris: Gallimard, 1967.

SIMMONS, Beth. The internationalization of capital. In: KITSCHELT, Herbert *et al.* (coord.). *Continuity and change in contemporary capitalism*. Cambridge: University, 1999.

THORP, R. *Progress, poverty and exclusion. An economic history of Latin America*. Washington: IADB, 1998.

VISSER, Jelle; HEMERIJK, Anton. *A Dutch miracle. Job growth, welfare reform and corporatism in the Netherlands*. Amsterdam: University, 1997.

WORLD BANK. *Assistance strategies to reduce poverty*. Washington, 1991.

_____ . *Averting the old age crisis. Policies to protect the old and promote growth*. Washington, 1994.

_____ . *From plan to market:* assessing aid: what works, what doesn't and why? Washington, 1996.

_____ . *The east Asian miracle*. Washington, 1993.

YERGIN, Daniel; STANISLAW, Joseph. *La grande bataille. Les marchés à l'assaut du pouvoir*. Paris: Odile Jacob, 1998.

CAPÍTULO 6

AS VANTAGENS INSTITUCIONAIS COMPARATIVAS DOS REGIMES DE ESTADO DE BEM-ESTAR SOCIAL E AS NOVAS COALIZÕES NA SUA REFORMA[1]

PHILIP MANOW[2]

Sumário: 1. Introdução. 2. As novas políticas de reforma do Estado de Bem-Estar Social. 3. A vantagem comparativa de um estreito nexo proteção/produção. 4. Estados de Bem-Estar Social competitivos na economia aberta. 5. Referências bibliográficas.

---

(1) O presente trabalho foi publicado, em inglês, sob o título *Comparative Institutional Advantages of Welfare State Regimes and New Coalitions in Welfare State Reforms*, no livro *The New Politics of the Welfare State*, coordenado por Paul Pierson e editado pela Oxford University (que autorizou expressamente a presente publicação), Oxford, 2001. p. 146-164. A tradução para o português foi feita por Lorena Vasconcelos Porto.

(2) Alemão e Professor na Universidade de Bremen e Wissenschaftskolleg em Berlim (Alemanha). O autor faz um especial agradecimento aos comentários, acerca das versões anteriores do presente trabalho, tecidos por Paul Pierson, Torben Iversen, Isabela Mares, George Ross, e aos participantes do grupo do Projeto sobre as "Novas Políticas do Estado de Bem-Estar Social" (*New Politics of Welfare*). Agradece, ainda, a Dona Geyer pelas correções de linguagem e a Annete Vogel pela ajuda na edição.

1. Introdução

Tem sido dito que o Estado de Bem-Estar Social foi a "principal instituição na construção de diferentes modelos de capitalismo no pós-guerra" (ESPING-ANDERSEN, 1990: 5). Caso aceitemos essa premissa, somos então conduzidos à seguinte pergunta: em que medida as reformas atuais do Estado de Bem-Estar Social são encorajadas e impulsionadas pelo grau de transformação da proteção social em uma parte central e indispensável nas diferentes economias de mercado nacionais?

Considerando que existe uma variedade limitada de economias de mercado (veja HALL; SOSKICE, no prelo; CROUCH; STREECK, 1997; HOLLINGSWORTH; BOYER, 1997; KITSCHELT *et al.*, 1999) e que sabemos que os fatores centrais da variação entre os diferentes modelos de capitalismo são o grau e a forma da transformação do Estado de Bem-Estar Social em uma "força fundamental na organização e estratificação das economias modernas" (ESPING-ANDERSEN, 1990, p. 159), temos que perguntar se isso também teve um impacto no modo como os Estados de Bem-Estar Social se ajustaram e ainda estão se ajustando às mais desfavoráveis condições econômicas que vêm enfrentando desde a metade da década de 1970. As atuais reformas do Estado de Bem-Estar Social e as coalizões de interesses que se formam durante tais processos espelham a função desse Estado nos modelos de produção nacionais? Existem certos tipos de Estado de Bem-Estar Social mais vulneráveis do que outros porque eles são menos ou, ao contrário, mais intimamente ligados a outras instituições centrais da economia? As próprias reformas desse Estado tornaram-se o principal caminho para a renovação da competitividade econômica nos mercados internacionalizados (veja RHODES, 2001), *ou a globalização estabiliza, ao invés de ameaçar, algumas estruturas do Estado de Bem-Estar Social, precisamente porque este contribui substancialmente para o tipo de desempenho das economias nacionais?*

Este trabalho tem como objeto tais questões. Na seção 1, irei primeiramente fazer uma abordagem crítica das contribuições que influenciaram a formação das novas coalizões políticas, considerando a divisão entre as empresas e trabalhadores que são obrigados a se ajustar às pressões do mercado internacional e aqueles que gozam de um abrigo doméstico contra os mercados globalizados. Além disso, irei discutir brevemente a relativa importância do eleitorado nas atuais reformas do Estado de Bem-Estar Social, quando comparada com o papel exercido pelas organizações de interesses do capital e do trabalho.

Em seguida, irei apresentar a discussão do custo da transação, a qual visa a identificar uma lógica central que liga a produção e a proteção nos Estados de Bem-Estar Social continentais e as economias de mercado coordenadas (seção 2). *A principal ideia defendida nessa seção — que é contrária à percepção* dominante na literatura — *é que generosos programas de bem-estar social podem aumentar e não diminuir a competitividade internacional, e podem constituir uma vantagem institucional comparativa para uma economia, ao invés de ser apenas uma desvantagem comparativa em termos de custos.* Nesse sentido, defendemos que a globalização pode não apenas exercer pressões financeiras sobre o Estado de Bem-Estar Social, mas, simultaneamente, pode aumentar bastante a importância dos efeitos benéficos das políticas sociais para a economia. Ao mesmo tempo, uma relação mais próxima entre os regimes de produção e proteção pode diminuir os incentivos para que as empresas saiam de um regime nacional de bem-estar social custoso, em busca de outros locais.

Isso gera consequências para a construção da coalizão política. Acreditamos que as reformas do Estado de Bem-Estar Social e as respectivas coalizões tendem a refletir ambos os aspectos: os custos econômicos diretos e os benefícios econômicos indiretos dos regimes de bem-estar social. Com efeito, as reformas refletem as relativas posições de poder dos "beneficiários de programas individuais", exercendo influência através do "canal de democracia numérico" e dos "beneficiários de programas corporativos", protegendo os seus interesses por meio do "canal de negociação corporativa" — para usar as palavras de Stein Rokkan.

A importância relativa, seja da agenda eleitoral, seja daquela negocial-corporativa, pode depender primariamente da própria organização institucional do Estado de Bem-Estar Social, isto é, se este confere um papel importante para as organizações do capital e do trabalho ou se os benefícios para o bem-estar social são assegurados pelo Estado ao indivíduo como um direito universal da cidadania, sem que instituições ou entes corporativos exerçam um papel de mediação. Irei concluir este trabalho discutindo brevemente as implicações dos meus argumentos para o atual debate sobre o papel do Estado de Bem-Estar Social na economia globalizada (seção 3).

2. As novas políticas de reforma do Estado de Bem-Estar Social

Tem-se sustentado, de forma muito convincente, que a contenção de gastos no Estado de Bem-Estar Social segue uma lógica diferente quando comparada com a expansão deste (PIERSON, 1994). Em particular, não é necessariamente verdadeiro que aqueles que defenderam fortemente a expansão do Estado de Bem-Estar Social no passado são também candidatos naturais para a sua defesa nas disputas atuais sobre a sua reforma. Embora possa até ser verdade que as "principais forças que construíram o Estado de Bem-Estar Social parecem agora ter perdido terreno — notavelmente, os sindicatos e os partidos social--democratas, mas também a democracia cristã" (ESPING-ANDERSEN, 1997,

p. 244), isso não significa que o Estado de Bem-Estar Social permanece de pé sozinho, sem um único aliado (PIERSON, 1994).

A principal razão apontada para a diferença da expansão do Estado de Bem-Estar Social, quando comparada com a contração do mesmo, é que os programas sociais criam e mantêm a sua própria clientela. Jack Walker, referindo-se ao crescimento impressionante dos grupos de interesses nos Estados Unidos, defendeu que não são as organizações de interesses que têm maior sucesso em obter programas públicos para as suas necessidades, mas sim, com maior frequência, são os programas públicos que dão origem aos respectivos grupos de interesses, os quais, a partir de então, dão suporte à manutenção ou expansão do programa e o protege dos ataques políticos.

Nesse sentido, o Estado de Bem-Estar Social parece gerar uma "retroalimentação positiva das suas políticas" (PIERSON, 1996). Aparentemente, a "Lei de Say", segundo a qual cada fornecimento gera a sua própria demanda, tem uma versão política. Não apenas os administradores, as organizações e as profissões relacionadas ao Estado de Bem-Estar Social desenvolvem um interesse em programas sociais generosos, mas também — de forma não surpreendente — os beneficiários desses programas também começam a questionar como eles podem já ter vivido sem os mesmos. Desse modo, os doutrinadores frequentemente concluem que "o suporte dos eleitores a um Estado de Bem-Estar Social 'gordo', e não 'magro', consistente na defesa do *status quo*" por interesses já incorporados, torna muito difícil a implementação de qualquer medida que seja diversa dos ajustes indispensáveis" (RHODES, 1996, p. 307).

Aprofundando-se nessa ideia, todavia, pode-se chegar a uma conclusão diferente. O Estado de Bem-Estar Social atual não pode mais contar *automaticamente* com o suporte dos seus aliados tradicionais do movimento dos trabalhadores e do partido trabalhista. Além disso, em muitos países, sindicatos (e social-democratas) parecem ter se unido àqueles que são favoráveis a uma reforma profunda desse Estado. É verdade, certamente, que os programas sociais criam a sua própria clientela e alimentam a sua própria fonte de suporte; todavia, a invulnerabilidade e a "autossustentabilidade" política do sistema podem vir a transformar os tradicionais defensores do Estado de Bem-Estar Social nos seus atuais contestadores.

É óbvio que os sindicatos e os partidos social-democratas não mudaram simplesmente de lado e se tornaram membros das fileiras neoliberais. Todavia, em vários países, as organizações sindicais e alguns setores "modernizadores" dos partidos social-democratas vêm lutando por uma profunda reforma do Estado de Bem-Estar Social, incluindo a redução de benefícios generosos, a privatização dos serviços sociais, a introdução de condições mais rígidas e de um período aquisitivo maior para o acesso aos benefícios, a redução do auxílio-

-doença e das aposentadorias, a introdução de maiores incentivos ao retorno do beneficiário da prestação previdenciária ao trabalho etc.

Na Holanda (VISSER; HEMERIJCK, 1997), Suécia (CLAYTON; PONTUSSON, 1998; STEPHENS, 1996), Itália (BACCARO; LOCKE, 1996), Nova Zelândia (SCHWARTZ, 1994) e no Japão (KUME, 1997), os sindicatos do setor privado, sobretudo, parecem ter aderido, seja abertamente, seja silenciosamente, a alianças de classes com os empregadores e com políticos reformadores e/ou burocratas. O objetivo comum dessas alianças — de certo modo bizarras[3] — foi a reestruturação do Estado de Bem-Estar Social, incluindo a inversão da tendência expansionista nos gastos sociais, através da reforma administrativa, e a redução de pesados encargos fiscais. Ao mesmo tempo, observadores notam que os empregadores nem sempre se aliam àqueles que tentam reduzir os altos níveis das prestações sociais e diminuir os encargos impostos por um Estado de Bem-Estar Social generoso (cf. THELEN, 1999; MARES, 1996; S. WOOD, 1997). Ao que tudo indica, a formação de alianças no processo de reforma do Estado de Bem-Estar Social não segue linhas tão simples.

A importante participação dos sindicatos nas atuais reformas desse Estado coloca consideráveis dificuldades para uma abordagem que atribui ao movimento trabalhista um interesse invariável, quase que "ontológico", na "desmercantilização" (*de-commodification*), na proteção social universal e generosa, e nas políticas de pleno emprego. O mesmo se aplica ao papel do empresariado nas atuais reformas de tal Estado, que contradiz largamente a crença comum de que os empresários são favoráveis, de forma invariável e uniforme, à retração do bem-estar social e aos cortes nos respectivos programas. Neste ponto — e não apenas aqui — análises recentes dos primeiros períodos de expansão do Estado de Bem-Estar Social ensinam, de fato, uma lição altamente informativa para a era presente de contração e cortes. Elas demonstram, de forma convincente, que o empresariado tem, de fato, exercido um papel de suporte altamente significativo para o crescimento desse Estado e que os interesses dos empresários deixaram uma marca significativa no caráter institucional dos Estados de Bem-Estar Social desenvolvidos (cf. MARES, 1998; SWENSON, 1997).

O quadro torna-se ainda mais complicado no que diz respeito à "tese da retroalimentação positiva", que atribui ao Estado de Bem-Estar Social a capacidade de mobilizar um apoio suficiente para proteger a si próprio dos ataques políticos (cf. PIERSON, 1994 e 1996). Essa teoria tem enfatizado espe-

---

(3) Tome-se como exemplo o caso japonês, no qual sindicatos do setor privado, associações de empregadores, e parlamentares do Partido Liberal Democrata com mentalidade reformista aliaram-se contra os sindicatos socialistas do setor público, os quais lutaram lado a lado com a burocracia ministerial conservadora pela preservação do *status quo*.

cialmente o papel do eleitorado como uma arma poderosa contra as tentativas de redução do Estado de Bem-Estar Social. O cálculo político para se "esquivar da culpa" (WEAVER, 1986) e o medo da derrota eleitoral motivam fortemente os políticos a buscarem táticas prudentes na reforma das políticas sociais. Todavia, esse argumento, ao que tudo indica, encontra maior fundamento na realidade inglesa (contando com o denominado *Westminster-bias*, cf. VISSER; HEMERIJCK, 1997).

O papel do mecanismo eleitoral tem menor importância na maioria dos Estados de Bem-Estar Social da Europa continental: nestes, os programas de gastos muito raramente deram origem a correlatos grupos especiais de interesses, e as políticas sociais frequentemente são consideradas como parte de um "complexo corporativo", no qual o Estado não pode intervir unilateralmente, sendo, assim, obrigado a chegar a um consenso com as organizações do trabalho e do capital. Nesse contexto político-institucional, as reformas do Estado de Bem-Estar Social seguem com frequência uma lógica diversa.

O atual ressurgimento da centralidade da negociação e dos acordos de caráter corporativo em alguns países europeus (POCHET; FAJERTAG, 1997; SCHMITTER; GROTE, 1997; RHODES, 1998) — o que está associado a uma ampliação significativa do leque de tópicos negociáveis, ultrapassando as questões tradicionais das políticas de renda (FLANAGAN; SOSKICE; ULMAN, 1983) para abranger também aquelas relativas à educação e ao treinamento, à duração do trabalho, à tributação e, sobretudo, à reforma do Estado de Bem--Estar Social — tem sido interpretado como uma estratégia por meio da qual os "governos [...] estão buscando uma legitimidade adicional para a reforma do Estado de Bem-Estar Social, legitimidade esta que *eles, cada vez mais, não têm conseguido obter nas eleições*" (RHODES, 1998, p. 13, sendo nosso o destaque; veja também REGINI; REGALIA, 1997; RHODES, 2001).

Enquanto os relatórios histórico-institucionais do período de formação do Estado de Bem-Estar Social examinaram, em especial, as estruturas do Estado, a relativa autonomia das elites burocráticas, a importância das parcerias políticas etc., hoje a prevalência e o peso político de tais Estados justificam a necessidade de explicar o destino das reformas atuais, analisando, primariamente, as estruturas dos vários programas de bem-estar social em si mesmas: quem se beneficia? Quão larga é a cobertura do programa? Quão visíveis seriam os cortes no acesso aos benefícios? Todavia, deve ser incluída nessa perspectiva a importância relativa dos entes corporativos, ou seja, das organizações do trabalho e do capital. Nesse ponto, um conjunto adicional de questões ganha relevância: quais empresas e trabalhadores são beneficiados pelos programas de bem-estar? A estrutura institucional do Estado de Bem-Estar Social permite ou impede a construção de uma coalizão interclasses? A que nível os programas desse Estado são conduzidos para comportarem os "sistemas nacionais de produção"? etc.

144 CAPÍTULO 6

Embora essas questões tenham já sido formuladas, de tempos em tempos, no seio do debate sobre a globalização e na literatura sobre política econômica comparada, a discussão tem, em geral, permanecido no nível de crenças muito amplas relativas aos interesses dos sindicatos e do empresariado nas reformas do Estado de Bem-Estar Social e, frequentemente, tem carecido de informação detalhada sobre a concreta relação custo-benefício dos gastos dos programas sociais específicos. A explicação mais recorrente para as novas alianças interclasses nas reformas do Estado em tela é de fácil compreensão. As alianças trabalho-capital são geradas por uma nova linha divisória entre trabalhadores e empresas nos setores comerciais e não comerciais. As empresas dos setores protegidos da economia, consoante tal explicação, podem se livrar melhor dos altos custos por meio do aumento dos preços (ou dependem mais do orçamento público do que do mercado).

As empresas dos setores expostos, ao contrário, devem, essencialmente, assumir os preços. Se o leque de produtos comercializáveis aumenta através da redução dos custos de transação técnicos (tecnologias de transporte avançadas) e legais/econômicos (liberalização do comércio) (FRIEDEN; ROGOWSKI, 1996), as empresas são cada vez mais forçadas a mudar a sua estratégia, abandonando o repasse dos custos por meio do aumento dos preços, para adotar o corte das despesas através da redução salarial, da racionalização e da diminuição dos postos de trabalho.

O mesmo se aplica aos setores liberalizados da economia que não são mais financiados pelos orçamentos públicos e nem gozam mais do monopólio garantido pelo Estado, e, assim, precisam agora sobreviver por conta própria em mercados fortemente competitivos e cada vez mais internacionais. Se a internacionalização dos mercados, a integração econômica de blocos de comércio regionais, e a privatização em larga escala dos serviços públicos de telecomunicações, energia, e transporte conduzem a um crescimento do percentual do setor exposto em relação ao setor protegido, a pressão geral sobre os altos salários e os generosos benefícios de bem-estar social aumenta. E isso altera a conduta dos sindicatos e dos trabalhadores com relação à proteção social generosa e inclusiva: "com a crescente abertura e a competição internacional intensificada, trabalhadores e empregadores nos setores expostos tornam--se fortemente preocupados com a contenção da pressão crescente sobre os custos domésticos gerados pelos amplos setores públicos" — e, é claro, pelos generosos Estados de Bem-Estar Social (CLAYTON; PONTUSSON, 1998, p. 97). "Nesse contexto, abre-se uma nova divisão político-econômica entre setores protegidos e aqueles expostos" (idem).[4]

---

(4) Clayton e Pontusson não explicam de modo suficiente por que os empregadores do setor exposto estariam interessados na defesa de altos níveis de gastos de bem-estar, gozados pelos seus trabalhadores, enquanto que, ao mesmo tempo, tentam formar com estes uma coalizão

O Estado de Bem-Estar Social no Século XXI

Note-se que a tese da divisão entre os setores expostos *versus* protegidos já reconhece a importância dos entes de natureza corporativa, do capital e do trabalho, nas reformas atuais do Estado de Bem-Estar Social, em acréscimo, ou mesmo em substituição, da importância da agenda eleitoral.

Todavia, a tese dos setores expostos *versus* protegidos é baseada em uma premissa problemática, relativa aos interesses dos sindicatos e das empresas nessas reformas. De forma semelhante aos argumentos que foram defendidos no debate sobre a negociação dos salários na economia aberta (cf. SWENSON, 1989; IVERSEN, 1996; LANGE *et al.*, 1995), a literatura sobre o impacto de uma nova divisão dos setores expostos *versus* protegidos na reforma do Estado de Bem-Estar Social enxerga as contribuições dos trabalhadores e empregadores para a seguridade social primariamente — ou tão somente — como custos trabalhistas (não salariais). Análoga ao argumento de que "trabalhadores e empregadores expostos" apoiam a restrição salarial no setor protegido é a ideia defendida por doutrinadores de que essas mesmas empresas e empregados também se interessam em manter os custos trabalhistas de natureza não salarial em um nível que não colocaria em risco a competitividade internacional dos produtos nacionais. Assim, a literatura prevê o surgimento de uma nova linha de conflito principal entre os setores privado e público.[5]

Tais argumentos sustentam que enquanto os sindicatos do setor privado tendem a ter um interesse na redução do impacto desfavorável de tributos elevados, de preços internos altos e de elevadas contribuições para a seguridade social sobre os custos produtivos, os sindicatos do setor público não apenas não têm tal interesse, mas, frequentemente, assumem a conduta oposta. Os sindicatos do setor público, invariavelmente, favorecem uma maior expansão dos gastos em bem-estar social, vez que eles recrutam uma parte considerável dos seus membros no setor dos serviços públicos relacionados ao bem-estar (cf. GARRETT; WAY, 1999).

---

para lutar pela reforma do setor público. Eles escrevem: "abandonados à própria sorte os empregadores orientados à exportação provavelmente tenderiam a favorecer os cortes gerais no Estado de Bem-Estar Social, mas a manutenção de prestações básicas de seguridade social é uma condição para os sindicatos do setor privado apoiarem cortes e reformas no setor público" (CLAYTON; PONTUSSON, 1998, p. 97). Esta não é uma explicação plausível. Enquanto que os trabalhadores nos setores expostos e protegidos da economia podem ter interesses opostos, deve-se assumir uma premissa adicional para explicar por que os empregadores no setor exposto deveriam se aliar aos seus trabalhadores. Como se tornará claro adiante, tais ideias, para não comprometerem a sua validade, devem considerar as "vantagens institucionais comparativas" que alguns Estados de Bem-Estar Social também oferecem aos empregadores.

(5) Acredita-se que essa divisão será intensificada pelos diferentes níveis de produtividade nos setores protegido/não comercial e exposto/comercial: "As políticas industriais e o Estado de Bem-Estar Social devem ser financiados por tributos para os quais o setor comercial possa contribuir desproporcionalmente (considerada a sua produtividade) — reduzindo ainda mais a competitividade do setor internacional" (GARRET; LANGE, 1996, p. 56).

Tabela 1: Características selecionadas dos Estados de Bem-Estar Social europeus

	Áustria	Bélgica	Dinamarca	Alemanha	França	Irlanda	Itália	Holanda	Portugal	Espanha	Suécia	Reino Unido	OCDE
Abertura (1990-6)	62,5	82,7	55,7	42,8	39,6	87,0	39,1	76,3	55,6	37,3	54,3	45,9	51,6
Total dos gastos sociais (1990-5)	26,5	28,0	30,6	28,0	28,6	19,9	24,7	29,5	16,6	21,2	35,0	22,1	24,5
Total de investimentos governamentais (1990-5)	51,7	56,0	61,3	48,9	52,8	41,7	54,8	57,1	44,0	45,8	67,0	44,2	49,6
Emprego público (1990-7)	13,9	10,6	22,1	9,9	14,2	9,2	9,1	7,0	11,4	7,4	23,8	11,4	12,8
Índice de corporativismo	17,0	10,0	14,0	12,0	7,0	___	5,0	11,0	___	___	15,0	6,0	___

Percentual de cobertura da negociação coletiva (1990) 98,0	90,0	—	90,0	92,0	—	71,0	79,0	68,0	83,0	47,0	—
Representatividade sindical (1994) 42,0	54,0	76,0	29,0	9,0	39,0	26,0	32,0	19,0	91,0	34,0	40,0

Abertura: OCDE (Organização para a Cooperação e o Desenvolvimento Econômico), *Statistical Compendium* (Relatórios nacionais) (1997).

Total de gastos sociais: Willem Adema, *Social Expenditure Statistics of OECD Member Countries* (Paris: OCDE, 1998).

Total de investimentos governamentais: OCDE, *Historical Statistics* (várias questões).

Emprego público [Emprego no Estado/população (15–64)/100]: OCDE, *Statistical Compendium* (*Economic Outlook*) (1998).

Índice de corporativismo: Calmfors e Driffill, 1988.

Percentual de cobertura da negociação coletiva: OCDE, *Employment Outlook* (1994), 173; os dados da França, Alemanha e Portugal referem-se aos anos 1985, 1992 e 1991, respectivamente.

Representatividade sindical: OCDE, *Employment Outlook* (1997), 71.

Essa linha de argumentação parece conduzir, antes de tudo, a um problema empírico: aqueles países que, de acordo com a teoria da divisão dos setores expostos *versus* protegidos, tenderiam a gerar as novas coalizões interclasses previstas, mais precisamente, aqueles países europeus com economias muito abertas, com um generoso nível de gastos sociais ou um amplo setor público e um nível de sindicalização médio para alto, não figuraram com destaque no grupo dos países nos quais "a mudança acordada" e o "corporativismo competitivo" (RHODES, 2001), baseados na união de interesses entre sindicatos dos setores expostos e empregadores, têm constituído o caminho preferido para os ajustes. Ao contrário, os pactos sociais têm sido muito importantes exatamente naqueles países que são menos abertos, que não possuem movimentos trabalhistas fortes, nem são particularmente conhecidos por uma tradição neocorporativista forte: Itália, Espanha, Portugal, Irlanda, Finlândia, apenas para nomear os exemplos mais importantes (POCHET; FAJERTAG, 1997; SCHMITTER; GROTE, 1997). A maior parte desses países também não possui uma posição elevada na classificação quanto aos gastos sociais (veja a tabela n. 1).

De acordo com a teoria da divisão dos setores expostos *versus* protegidos, os países europeus meridionais, tais como a Itália, a Espanha e Portugal, ou a periferia anglo-saxônica (Irlanda), são "locais não suscetíveis" (RHODES, 2001; SCHMITTER; GROTE, 1997, p. 7) às reformas do Estado de Bem-Estar Social "negociadas de forma tripartite". Ao contrário, poder-se-ia esperar que esses pactos sociais ocorressem na Europa continental, em países com uma economia aberta, Estados de Bem-Estar Social generosos, e sindicatos de trabalhadores relativamente fortes. Tal previsão poderia ser traçada, com maior razão ainda, a partir da observação de que os Estados de Bem-Estar Social corporativistas continentais parecem combinar as características não atraentes de serem muito custosos e altamente ineficazes na geração de empregos — uma combinação que tem sido frequentemente descrita como a patologia do bem-estar sem trabalho (ESPING-ANDERSEN, 1996; SCHARPF, 1997; cf. IVERSEN; WREN, 1998; HUBER; STEPHENS, 1998). Isso deveria torná-los os candidatos mais naturais para os esforços profundos de reforma e também para o surgimento de coalizões interclasses, uma vez que o pleno emprego pode ainda ser considerado como o mais importante objetivo da política dos sindicatos.

Considerando as "paisagens congeladas" (ESPING-ANDERSEN, 1996) dos Estados de Bem-Estar Social continentais e a importância dos pactos de reforma na Itália, em Portugal, na Espanha e na Irlanda, pode-se duvidar se a distinção simples entre setor exposto *versus* setor protegido explica adequadamente a variedade de interesses dos agentes políticos centrais. Em particular, pode ser incorreto analisar as posições dos interesses de empresas e trabalhadores expostos e protegidos, no que tange às reformas do Estado de Bem-Estar Social, em estrita analogia com os seus interesses com relação à situação salarial.

Acreditamos que os problemas da teoria da divisão dos setores expostos *versus* protegidos surgem, principalmente, porque ela presume que a competição é quase sempre uma competição de preços e que os programas do Estado de Bem-Estar Social são apenas um peso morto para o empresariado (e, nos dias atuais, teria se tornado o mesmo para os sindicatos dos setores expostos). Que essas duas presunções não são necessariamente verdadeiras é, ao menos, implicitamente defendido por uma nova literatura, que sustenta que *as "vantagens institucionais comparativas"* (HALL, 1997) *das modernas economias de mercado são frequentemente muito mais importantes do que as relativas vantagens de custo resultantes de baixos níveis de tributação, reduzidos gastos sociais, ou de um setor público diminuto.* A noção de vantagens institucionais comparativas chama atenção para o fato de que o foco exclusivo no nível relativo de gastos sociais ou no nível dos salários reais pode não ser suficiente para avaliar a competitividade relativa dos Estados de Bem-Estar Social e dos sistemas nacionais de produção.

Para entender o impacto econômico do regime de Estado de Bem-Estar Social sobre as empresas e os mecanismos de produção, deve-se avaliar mais de perto as estruturas de benefícios dos programas e a sua ligação com outras características centrais da economia. Precisamente, tal perspectiva é propiciada pela nova literatura de Economia Política Comparada (EPC). Até então, essa literatura tinha amplamente ignorado o Estado de Bem-Estar Social como um elemento importante na política econômica das economias de mercado avançadas.[6] Ao contrário, ela tinha se concentrado nas relações industriais, nos sistemas financeiros, nos sistemas de treinamento vocacional, e nos "sistemas nacionais de inovação".

A tese central dessa literatura, no entanto, é que essas características "extraeconômicas" das modernas economias de mercado têm um impacto crucial sobre a atuação das forças de mercado, nos países industrializados avançados, e que elas podem explicar, em grande medida, as diferenças sistemáticas observadas nos respectivos desempenhos econômicos. A literatura de EPC sustenta que esses diferentes arranjos institucionais representam, de modo complementar, complexos coerentes e que eles se "ajustam" mutuamente, o que dá origem a padrões de desempenho econômico distintos.

A literatura sobre as "variedades do capitalismo" (SOSKICE, 1990; HOLLINGSWORTH *et al.* 1993; BERGER; DORE, 1996; HOLLINGSWORTH; BOYER, 1997; CROUCH; STREECK, 1997; KITSCHELT *et al.*, 1999; HALL; SOSKICE, no prelo) destaca, sobretudo, os modos distintos por meio dos quais os mercados se encontram envolvidos pelas instituições. Toda evidência

---

(6) Existem, no entanto, claros sinais de que isso irá mudar em breve. Veja a importante contribuição de Mares (1998). Veja também as contribuições em Ebbinghaus e Manow (no prelo).

propiciada por esta nova literatura aponta para o fato de que as diferenças no "ambiente institucional" das modernas economias de mercado podem, em larga medida, explicar os padrões nacionais distintos de desempenho econômico. Esses padrões têm sido diferenciados, principalmente, pelos graus diversos permitidos por uma economia para a ocorrência de coordenação econômica de longo prazo entre as empresas, entre o credor e o devedor de empréstimo de capital para investimento, e entre gerentes e trabalhadores (veja SOSKICE, 1990*a*, 1990*b*, 1999).

Como defendemos no presente trabalho, o Estado de Bem-Estar Social deve ser visto como uma parte importante desse complexo institucional. Ele contribuiu significativamente para o surgimento de perfis diversos de desempenho econômico nos países industrializados avançados. Assim, a compreensão das microrrelações entre produção e regimes trabalhistas, por um lado, e dos regimes de proteção social, por outro lado, é condição necessária para compreender os interesses dos entes corporativos centrais nas reformas contemporâneas do Estado de Bem-Estar Social. Ainda, qual a exatidão com que podemos enxergar tal Estado como uma "força fundamental na organização e estratificação do capitalismo contemporâneo"? Que tipo de microrrelações existe entre os domínios da proteção e da produção? Essas são as questões de que trataremos agora.

3. A vantagem comparativa de um estreito nexo proteção/produção

Nesta seção, defendemos que *o Estado de Bem-Estar Social desempenha um papel econômico crucial, sobretudo com relação ao seu impacto na cooperação e na coordenação de longo prazo entre os agentes econômicos centrais em um sistema de produção nacional.*

O sucesso da coordenação econômica de longo prazo pressupõe a presença de instituições que tornam os agentes econômicos capazes de se engajarem e investirem em transações duradouras e confiáveis. A tese principal desta seção é que o Estado de Bem-Estar Social pode ser essa instituição de suporte. Se a coordenação torna-se possível porque os mercados estão envolvidos profundamente pelas instituições, os investimentos em habilidades específicas, em um "maquinário" específico, ou em cadeias de transação econômica, com perspectivas de longa duração, tornam-se possíveis — investimentos estes que seriam ou impossíveis ou muito custosos em um contexto baseado no mercado. Sucessivamente, tais investimentos podem se traduzir em uma vantagem comparativa para a empresa, o setor, ou a economia como um todo (LAZONICK, 1990, 1991). A coordenação econômica torna possível a criação de determinados nichos de mercado em que não há a concorrência de outros competidores, ou esta é escassa. Por meio da coordenação econômica, custos fixos altos podem coexistir com custos que, em sua unidade, são baixos (LAZONICK, 1992).

Esse argumento pode ser situado em uma moldura de custo transacional mais geral. A noção de "especificidade estrutural" é central neste ponto. Colocando em termos bastante amplos, a teoria do custo da transação da organização industrial sustenta que "quanto mais específicas forem as estruturas em questão para o seu uso atual, maior será o incentivo para os seus proprietários de desenvolver uma atividade econômica em uma entidade econômica, ao invés de fazê-lo em mercados mais restritos. Isso conduz a previsões sobre o grau no qual as indústrias ou empresas serão caracterizadas pela integração vertical e por arranjos contratuais de longo prazo" (ALT *et al.*, 1996, p. 700-1). Quando generalizado para sistemas produtivos inteiros, esse argumento mostra que os agentes econômicos possuem uma vantagem comparativa frente a seus concorrentes — em certos segmentos do mercado — se as instituições reduzem o alto grau de vulnerabilidade envolvido em longas cadeias de transações e em investimentos de longo prazo.

A coordenação econômica bem-sucedida possibilita aos agentes econômicos obterem um retorno financeiro — eles podem lucrar com os baixos custos de transação proporcionados pelos seus altos investimentos em estruturas específicas. Quando contam apenas consigo mesmo, empregadores e trabalhadores geralmente não são capazes de criar instituições que podem tornar possível o estabelecimento, entre si, de uma coordenação estável de longo prazo, porque a criação dessas instituições está sujeita aos mesmos problemas de coordenação e reforço que as mesmas são capazes de aliviar. *Normalmente, a intervenção externa — sobretudo aquela advinda do Estado — nas relações de emprego é crucial para estabelecer a coordenação econômica de longo prazo.* Assim, seja o Estado, sejam as densas redes regionais ou familiares, ao propiciarem a confiança necessária para impedir o "oportunismo", podem criar as estruturas e instituições nas quais a coordenação econômica duradoura e bem-sucedida pode ser formada.

As políticas sociais são um domínio central para a intervenção estatal, direta e indireta, na relação de emprego. Tais políticas podem se traduzir diretamente em uma vantagem econômica porque um alto salário social gera uma "pressão benéfica" para empregadores e empregados — pressão esta que forçaria os agentes econômicos a buscarem estratégias de produção baseadas em habilidades profissionais elevadas/altos salários. Mas a intervenção estatal nas relações de emprego pode também ser importante porque potencialmente (dependendo da forma de intervenção, como veremos abaixo) possibilita formas de coordenação e cooperação econômicas produtivas, as quais, de outro modo, seriam inatingíveis. Essa coordenação ajuda, então, as empresas a buscarem estratégias com as quais podem "abocanhar amplas parcelas do mercado". Consequentemente, elas podem obter lucros acima da média porque possuem uma vantagem comparativa sobre os seus concorrentes menos coordenados.

Assim, é a forma da intervenção estatal nas relações de trabalho e as instituições específicas criadas a partir daí que capacitam os agentes econômicos para ocuparem segmentos do mercado e nichos protegidos da competição. Por outro lado, isso torna possível o pagamento de salários acima do mínimo competitivo, abrindo largos caminhos para as políticas de redistribuição. Desse modo, o Estado de Bem-Estar Social pode ser economicamente benéfico não apenas porque ele propicia "segurança de mercado aos capitalistas, assim como seguridade social para os trabalhadores" (SWENSON, 1997, p. 69), através da imposição dos mesmos custos sociais a todas as empresas — um argumento que se aplica, sobretudo, aos Estados de Bem-Estar Social em uma economia fechada —, mas também porque ele permite que as empresas se especializem e desenvolvam vantagens comparativas sobre os seus concorrentes menos coordenados.

Esse último argumento destaca os potenciais efeitos econômicos positivos da intervenção social em uma economia aberta. Em essência, o Estado de Bem-Estar Social pode propiciar às empresas uma "economia aberta" (ALFRED MARSHALL), por meio da oferta de uma infraestrutura para a cooperação econômica. Note-se que o argumento dos custos das transações, referindo-se ao "valor econômico das políticas sociais", implica uma previsão diferente com relação à sustentabilidade de generosos níveis de proteção social em um mercado internacionalizado, quando comparado com o argumento da "segurança do mercado", defendido por Peter Swenson. Enquanto os interesses dos empregadores na segurança do mercado, proporcionada por padrões uniformes de proteção social, deveriam desaparecer rapidamente em um ambiente internacional no qual tudo, salvo um padrão mínimo comum, está fora de alcance, os interesses nos efeitos econômicos benéficos dos programas do Estado de Bem-Estar Social deveriam permanecer em vigor e poderiam até mesmo crescer em um mercado global.

Mas quais formas de intervenção social no mercado têm sido e ainda são particularmente apoiadoras da coordenação econômica de longo prazo e podem melhorar a competitividade? Defendemos que *os regimes de Estado de Bem-Estar Social que potencialmente melhoram a competitividade são aqueles que estabeleceram um forte nexo entre produção e proteção, isto é, que conseguiram integrar as organizações do capital e do trabalho no Estado e que conectaram o acesso aos benefícios previdenciários à relação de emprego.*[7] Estamos nos referindo aos

---

(7) Não é possível expor nesta sede um relatório histórico completo sobre o porquê de certos Estados de Bem-Estar Social terem se desenvolvido como sistemas baseados no emprego, que

O Estado de Bem-Estar Social no Século XXI

Estados de Bem-Estar Social da Europa continental, que se baseiam em princípios ocupacionais, apresentam apenas níveis moderados de redistribuição e prestigiam as carreiras empregatícias de longo prazo. O modelo japonês do emprego para toda a vida, envolvido com o bem-estar da companhia, propicia um conjunto muito semelhante de incentivos com relação à aquisição de qualificação profissional, a busca de uma carreira segura e uma baixa diferenciação salarial entre os trabalhadores. Em ambos os sistemas de seguridade social, um alto nível de fragmentação do programa corresponde à busca de benefícios para grupos de trabalhadores claramente delimitados.

Essas diferentes variáveis do regime de Estado de Bem-Estar Social baseado na ocupação aproximam-se daquilo que Timuss denominou de "modelo de políticas sociais embasado no êxito do desempenho industrial" (TIMUSS, 1974). Esse modelo pode dar suporte à coordenação econômica de longo prazo de vários modos. Por exemplo, prêmios e benefícios relacionados ao mérito justificam uma relação altamente proporcional entre as prestações previdenciárias e as rendas que elas substituem e legitimam a manutenção do pagamento de aposentadorias de valores diversos. Se relacionados aos níveis de qualificação, tais pagamentos diferenciados, a longo prazo, podem tornar lucrativo para os trabalhadores investirem na aquisição de habilidades profissionais adicionais.

Além disso, o investimento na qualificação pode ser protegido contra o perigo da rápida desqualificação durante os períodos de desemprego, através da estipulação de generosos critérios para a "aceitabilidade" de ofertas alternativas de trabalho e do estabelecimento de um longo período aquisitivo para o acesso aos benefícios estritamente relacionados à renda. Do mesmo modo, um equivalente funcional poderia ser a promessa implícita de uma política

---

integram capital e salário, ao passo que outros apresentam, principalmente, características do clientelismo (como o modelo de políticas sociais da Europa meridional; veja FERRERA, 1997) ou são quase que inteiramente baseados no *status* de cidadania, e não naquele do emprego (o modelo anglo-saxão; veja ESPING-ANDERSEN, 1990). Enquanto que existem dois fatores frequentemente mencionados na literatura: industrialização tardia *versus* industrialização antiga e a construção de uma coalizão liberal-trabalhista bem-sucedida *versus* aquela mal-sucedida (cf. LUEBBERT, 1991), entendemos que uma terceira variável importante é geralmente negligenciada: a tradição estatal, mais especificamente as diferentes tradições do absolutismo patrimonial (Europa meridional), do absolutismo burocrático (Europa continental) e do constitucionalismo burocrático (Reino Unido e Escandinávia); veja Ertman (1997). A mobilização dos interesses da sociedade seguiu diferentes caminhos nesses três grupos. Para dizê-lo muito genericamente: a lógica da mediação de interesses foi embasada no clientelismo, no primeiro grupo; na associação, no segundo; e no eleitorado, no terceiro grupo. Esse argumento, no entanto, deve ser objeto de maior desenvolvimento em outra sede.

contrária às dispensas.[8] Essas prestações do Estado de Bem-Estar Social relacionadas à renda podem dar suporte a regimes produtivos que premiam as estratégias de longo prazo, para se investir em qualificação profissional, para seguir planos de carreira de maior abrangência, e, em particular, para enfatizar o *status* social do trabalho. As prestações de bem-estar social que são mais fortemente ligadas às relações de emprego podem proteger tais estratégias da insegurança do mercado, alargando o horizonte temporal dos trabalhadores para além do período de um simples contrato de trabalho.[9]

Além disso, os esquemas de bem-estar social que foram direcionados ao segmento superior do mercado de trabalho frequentemente forneceram aos sindicatos um suporte organizacional muito importante (veja a importância do sistema "Ghent" para a organização sindical; cf. ROTHSTEIN, 1992). Os sindicatos puderam preencher postos e tiveram voz na discussão das questões orçamentárias que envolviam altos custos.

Os fundos de pensão foram usados para financiar a moradia dos trabalhadores, o que, em troca, forneceu aos sindicatos valiosos incentivos para induzir os operários a se sindicalizar. Ao mesmo tempo, os fundos do Estado de Bem-Estar Social foram usados para o financiamento empresarial, para propiciar às empresas um crédito com juros baixos e um "capital paciente" (veja ESTEVEZ-ABE, com relação ao caso japonês; no prelo), permitindo, assim, investimentos estratégicos de longo prazo e aliviando as empresas da pressão da maximização instantânea do lucro. A consultoria legal em questões de seguridade social frequentemente figurou como outro incentivo importante oferecido pelos sindicatos para os seus membros. Historicamente, isso fortaleceu os sindicatos, assim como as organizações (veja MANOW, 1997, no que tange à Alemanha).

Consequentemente, os sindicatos puderam conferir aos contratos de trabalho uma força bem maior, seja por meio da intervenção política, seja através da ameaça de greves e do aproveitamento da sua posição de poder nas negociações coletivas. Os empregadores tiveram que levar os sindicatos em consideração e se prepararem para o fortalecimento da sua presença. Isso, por outro lado, obrigou os empregadores a também organizarem e buscarem estratégias de longo prazo.

---

(8) Tome-se o grau de "linearidade" dos valores das aposentadorias com os níveis de renda anteriores como um exemplo. Neste ponto, as economias de mercado coordenadas revelam um padrão claramente distinto quando comparadas com as economias de mercado liberais.

(9) Nesse sentido, generosas aposentadorias relacionadas à renda podem ser um equivalente funcional parcial para os salários mais elevados (em virtude da antiguidade na empresa) e para os empregos que duram toda a vida.

A correspondência do valor das aposentadorias em relação ao nível de renda anterior:

1992	$ 20,000	$ 50,000
Reino Unido	50%	26%
EUA	65%	40%
Japão	54%	54%
Alemanha	70%	59%

Fonte: Davis, 1995, p. 43.

A atribuição de uma força maior aos contratos de trabalho forneceu a ambos os lados, empregadores e empregados, uma visão de maior alcance. Sob tais circunstâncias, determinados investimentos organizacionais e individuais (qualificação profissional) tornaram-se lucrativos, o que não teria ocorrido em um contexto de mercado.

Além disso, uma vez que o modelo de Estado de Bem-Estar Social "baseado no êxito do desempenho industrial" já se concentrou no *status* do trabalhador, os sindicatos não tiveram mais que despender grandes esforços nas negociações sobre descrições de trabalho detalhadas. Os sindicatos foram menos resistentes à flexibilidade interna — desse modo eles puderam buscar estratégias de negociação de menor conflito com o empresariado, o que conduziu ao surgimento de métodos de produção baseados na confiança. A transição de sindicatos de comércio para sindicatos industriais ou para sindicatos de empresa foi, assim, facilitada pelos Estados de Bem-Estar Social centrados na ocupação.

Observe que ambos os sindicatos, o industrial e o de empresa, associam trabalhadores qualificados e não qualificados e, portanto, têm interesse em uma variação salarial relativamente estreita. Isso estimulou, ademais, as políticas de aumento da qualificação e deu suporte a um equilíbrio entre altos salários/ alta produtividade. Demais disso, a administração conjunta de estruturas de bem-estar social por associações de trabalhadores e de empregadores frequentemente significou que as regulamentações relativas a benefícios, condições para o acesso a estes, cobertura etc., pudessem ser adequadas, de maneira especial, às necessidades dos "parceiros sociais".

O Estado de Bem-Estar Social foi crescentemente encarregado de servir a tais necessidades particulares. Isso se torna mais evidente nos diversos caminhos que conduziram à antecipação da aposentadoria, através da qual sindicatos e empregadores, especialmente em setores expostos da economia, puderam transferir os custos dos ajustes econômicos para a comunidade de risco mais ampla, formada pelos contribuintes do sistema de seguridade social (KOHLI *et. al.*, 1991). Benefícios generosos relativos ao desemprego, à aposentadoria antecipada e à invalidez puderam aliviar os efeitos negativos de quedas cíclicas no desempenho das empresas, sem destruir a relação geralmente pacífica e consensual entre trabalhadores e gerentes, na qual a produção estava embasada. Essa é uma condição importante para o tipo de investimento em capital fixo (empregadores) ou em qualificação (empregados), que não irá dar um retorno imediato, mas apenas futuramente. Portanto, a administração conjunta de estruturas de bem-estar social pôde em parte dar suporte e em parte substituir o consenso corporativo entre o empresariado e os trabalhadores na arena política central (cf. MANOW, 1997).

Desse modo, a vulnerabilidade e a "competitividade" dos Estados de Bem-Estar Social contemporâneos, em uma economia internacionalizada, é uma questão de distribuição e de produção (veja a noção de coalizões "produtivas" e "distributivas" na reforma do Estado de Bem-Estar Social, em RHODES, 2001). A organização institucional de um dado Estado de Bem-Estar Social e o seu impacto no sistema nacional de produção são, possivelmente, de maior relevância do que a "generosidade relativa", ou, do mesmo modo, do que a extensão em que o Estado de Bem-Estar Social é bem-sucedido na desmercantilização do trabalho.

Além disso, os argumentos relativos aos custos transacionais sugerem que uma maior ligação entre "produção" e "proteção" em um país reduziria substancialmente a mobilidade das empresas e enfraqueceria a credibilidade das ameaças empresarias de se deslocar e deixar o país. Programas de bem-estar social bem elaborados, nos quais as empresas aprenderam a "explorar" (enquanto elas continuam a se queixar publicamente das desvantagens dos mesmos) e adequaram o seu modo de produção, podem reduzir a tentação empresarial de se deslocar, mesmo que alguns custos de produção pudessem ser diminuídos significantemente nesse deslocamento. Quanto mais a vantagem comparativa de um modelo produtivo é baseada em um determinado ambiente institucional, mais fracos são os incentivos para que as empresas deixem esse ambiente.

Assim, um generoso/abrangente Estado de Bem-Estar Social embasado no trabalho pode não ser a razão pela qual as empresas deslocam-se para o exterior, mas, ao contrário, pode reduzir substancialmente a tendência empresarial de se engajar em um "regime de leilão" — fazendo com que o Estado de Bem-Estar Social incentive menos e impeça mais a mobilidade empresarial. Consequentemente, o empresariado defenderia mais intensivamente a manutenção das características e dos valores do Estado de Bem-Estar Social (cf. ALT *et al.*, 1996). Certamente podemos esperar que o empresariado use a ameaça da saída nesses esforços de defesa, explorando a informação assimétrica entre empresas e políticos acerca dos verdadeiros custos funcionais daquelas.

Tomemos como exemplo a especialização das empresas alemãs na qualidade da produção flexível (STREECK, 1996) ou nas inovações de alta qualidade (CARLIN; SOSKICE, 1997). Essa estratégia produtiva depende intrinsecamente do suporte institucional fornecido pelo sistema dual de treinamento vocacional, do ajuste salarial uniforme nas negociações coletivas do setor industrial, da aposentadoria baseada no valor da renda e das estruturas relativas ao desemprego, para citar apenas alguns fatores (veja SOSKICE *et al.*, 1997). As empresas que se especializaram nessa forma de produção fizeram investimentos específicos em sua estrutura, os quais seriam perdidos caso elas se deslocassem (veja ALT *et al.*, 1996).

O mesmo se aplica aos trabalhadores cuja aquisição de qualificação baseia-se em expectativas futuras — futuro este que é, mais uma vez, fortemente moldado pelo modo como os programas de bem-estar social relacionam o emprego com o ulterior acesso aos benefícios por eles concedidos. Dado o forte nexo entre os programas do Estado de Bem-Estar Social e os regimes de trabalho e produção, não é surpreendente que tanto os empregadores quanto os sindicatos oponham-se a reformas que colocam em perigo as características centrais do sistema alemão (veja S. WOOD, 1997 e 2001; THELEN, 1999; MARES, 1996; uma argumentação muito semelhante, desenvolvida para outra importante economia de mercado coordenada, a saber, o Japão, é fornecido por S. VOGEL, 1998).

Assim, a importância dos sindicatos e das associações de empregadores na reforma dos Estados de Bem-Estar Social continentais é proporcionada pelo seu papel institucional na administração dessas estruturas e pelos benefícios econômicos importantes, que dependem do seu êxito para permanecerem. Generalizando o exemplo acima, podemos distinguir, em linhas gerais, alguns padrões básicos de ajustes do Estado de Bem-Estar Social nos países da Europa ocidental. Caso sigamos a argumentação dos custos transacionais, exposta acima, a prevalência do argumento do "custo econômico" sobre aquele do "benefício institucional" depende de quão próximos o Estado de Bem-Estar Social e a economia encontram-se relacionados. Onde tais relações não existem, como nos Estados de Bem-Estar Social liberais ou residuais e em economias de mercado liberais, a reforma do bem-estar social parece, frequentemente, ser caracterizada por um simples conflito distributivo.

Tais reformas seguem, sobretudo, uma lógica eleitoral: os políticos elaboram as suas propostas para seduzir o eleitor médio. Os ajustes à pressão do mercado ocorrem na forma da retração do bem-estar social, e as estruturas deste último relacionadas ao emprego tendem a ser privatizadas. Além disso, ao mesmo tempo, a provisão universal de serviços sociais básicos torna-se (relativamente) mais importante (*e. g.*, saúde ou cuidados destinados aos idosos). Nos Estados de Bem-Estar Social continentais, o empresariado e o trabalho exercem, notadamente, um papel de condução, e não necessariamente de conflito, nas reformas daqueles. Com relação às suas posições, isso depende muito da qualificação profissional, da intensidade da produção, do tamanho da empresa, da relativa importância da transferência social de renda para o centro da força de trabalho (quando comparada com os gastos em serviços sociais), e da representação de interesses na estrutura administrativa do Estado de Bem-Estar Social. Em poucas palavras: depende muito de que tipo de empresas ou indústrias e trabalhadores beneficiam-se, em especial, dos arranjos existentes.

É claro que a força organizacional e a homogeneidade de interesses de sindicatos e associações de empregadores têm também um grande impacto. Com frequência, os sindicatos protegem os arranjos existentes não porque isso interessa à sua clientela central, mas porque é de interesse das próprias organizações proteger as estruturas sindicais ou porque o quadro de pessoal do sindicato desenvolveu um estreito interesse na administração do Estado de Bem-Estar Social.

Em geral, os países do modelo continental de bem-estar social vivenciaram poucas mudanças durante a década de 1990, vez que empregadores e sindicatos frequentemente demonstraram um apoio pouco caloroso (na melhor das hipóteses) às tentativas de uma reforma profunda. Os programas diretamente relevantes para os regimes de produção e de trabalho, como aqueles relativos à aposentadoria antecipada, ao seguro-desemprego, ou às políticas ativas no mercado de trabalho, invariavelmente passaram bem longe da retração. Em alguns casos, os programas foram até mesmo expandidos consideravelmente. Os esforços para conter os custos se concentraram, ao contrário, na saúde e nos respectivos serviços sociais.

Diversamente dos modelos de Estado de Bem-Estar Social liberal e continental, a tradição do "clientelismo" no modelo da Europa meridional (cf. FERRERA, 1996, 1997) deu aos sindicatos, associações de empregadores e políticos favoráveis à reforma a oportunidade de livrar o Estado do marasmo e aumentar a eficiência dos sistemas de seguridade social por meio do corte de custos. O abuso do Estado de Bem-Estar Social pela sua clientela, com feito, gerou uma solução tripartite que se acreditava ideal, na qual "os vícios deveriam ser transformados em virtudes" (cf. LEVY, 1999), enquanto que os gastos sociais deveriam ser contidos — ou, ao menos, um ulterior crescimento das despesas de bem-estar social deveria ser evitado.

O Estado de Bem-Estar Social no Século XXI

Demais disso, o que é especialmente importante no contexto da nossa argumentação é que as reformas do Estado de Bem-Estar Social centralmente negociadas na periferia europeia devem ser vistas como tentativas de imitar os padrões da coordenação das políticas sociais e econômicas entre os parceiros sociais, os quais já se encontram profundamente arraigados nos Estados do centro da Europa. Nesse sentido, a "mudança contratada" na Itália, na Espanha, em Portugal, na Irlanda e na Finlândia etc., ocorre não *apesar da*, mas, ao contrário, *por causa da* falta de condições institucionais para o consenso corporativo e a coordenação econômica de longo prazo.[10]

Acreditamos que esses padrões de ajustes, brevemente explicados acima, dificilmente podem ser compreendidos sem uma referência aos diferentes interesses do empresariado e dos sindicatos na reforma do bem-estar social, dado que esses atores centrais estão situados de forma muito diferente nos vários tipos de regimes europeus. Ao mesmo tempo, esse argumento sugere que veremos não pequenas alterações nos diferentes programas sociais, mas sim um padrão geral de retração do bem-estar social como uma resposta para as pressões econômicas crescentes. Como padrão geral, todavia, veremos também a resistência da coordenação entre as organizações do capital e do trabalho nas economias abertas da Europa e a contínua influência desses entes corporativos no destino e no caráter das futuras reformas do bem-estar social.

Além disso, dado o desempenho extremamente pobre do mercado de trabalho nos países do modelo continental, a análise apresentada sugere que reinterpretemos nosso entendimento acerca das "instituições socioeconômicas de melhor desempenho" e "aquelas de pior desempenho" (cf. GARRETT; LANGE, 1996, p. 52-3). Acreditamos que é a relevância política da competitividade em nível micro, juntamente com o desempenho macroeconômico (ou mesmo no lugar deste), os altos riscos em jogo para os sindicatos e o empresariado na reforma do bem-estar social, e a importância crescente dos atores corporativos (do capital e do trabalho) nos processos contemporâneos de reforma política, que explicam a aparente inadequação entre a carga real de problemas e as reformas de fato empreendidas nos Estados de Bem-Estar Social continentais.

Na última seção, iremos ressaltar, de forma breve, algumas implicações da argumentação apresentada para o atual debate sobre os ajustes do Estado de Bem-Estar Social nos mercados crescentemente internacionais.

---

(10) A retomada do consenso corporativo na Bélgica e na Holanda pode ser entendida como uma reação contra a degeneração que o corporativismo vivenciou nesses dois países no final da década de 1970 e no início dos anos 1980 (veja, com relação à situação holandesa, VISSER; HEMERIJCK, 1997).

4. Estados de Bem-Estar Social competitivos na economia aberta

No debate sobre o destino do Estado de Bem-Estar Social na economia aberta, a visão tradicional sustenta que tal Estado é uma espécie de compensação doméstica *post hoc* para os custos sociais da integração econômica nos mercados mundiais. Tentamos mostrar que essa interpretação desconsidera uma parte importante da história. Que o Estado de Bem-Estar Social não é essencialmente "autárquico [...] protetor e nacionalista" (MYRDAL, 1957, p. 13 e 15), já foi discutido de forma muito convincente por Peter Katzenstein, que defende que *a intervenção doméstica e a expansão dos gastos públicos não são apenas muito compatíveis com um alto nível de integração nos mercados mundiais, mas podem, de fato, conferir o suporte necessário a tal desenvolvimento* (KATZENSTEIN, 1984, 1985; veja GARRETT, 1995).

Nessa perspectiva, as políticas sociais são vistas como um "equivalente funcional" ao protecionismo, embora assegurando um maior nível de bem-estar para a sociedade como um todo (RUGGIE, 1982). Sustenta-se que o Estado de Bem-Estar Social funciona como uma forma de compensar os perdedores domésticos, excluídos dos lucros ganhos pelos vencedores nos mercados internacionais (cf. LEIBFRIED; RIEGER, 1998). Nesse sentido, um amplo suporte político para os regimes de livre comércio é assegurado (RODRIK, 1997; GARRETT, 1998). Por exemplo, as políticas ativas no mercado de trabalho podem facilitar os ajustes às mudanças entre os setores industriais ou nos mercados produtivos e, assim, podem "facilitar um ajustamento rápido e positivo às alterações nas condições do mercado internacional" (GARRETT; LANGE, 1991, p. 546).

Um compromisso político confiável com o pleno emprego permite que os sindicatos sigam uma estratégia de contenção salarial e, assim, maximizem a segurança no emprego e a longa duração das rendas, ao invés de lutarem por aumentos salariais imediatos. Isso garante a competitividade dos produtos nacionais no mercado mundial. John Ruggie denominou esse fato de a "grande negociação doméstica: as sociedades são chamadas a apoiarem as mudanças e alterações relacionadas à liberalização internacional, mas o Estado promete amortecer esses efeitos através das suas novas funções relativas às políticas sociais e à economia doméstica" (RUGGIE, 1997, p. 6; para uma crítica importante dessas ideias, veja IVERSEN, 2001).

Mas os Estados de Bem-Estar Social conservadores da Europa continental frequentemente têm preferido financiar o desemprego ao invés das políticas ativas no mercado de trabalho. E não em todos os lugares foram observados a centralização suficiente do movimento trabalhista, a adaptação das instituições políticas para a negociação e o consenso corporativos entre o capital e o trabalho e a intenção dos Bancos Centrais de seguirem políticas monetárias mais flexíveis, para possibilitar a ocorrência do intercâmbio corporativo entre os sindicatos e os governos (notadamente os de esquerda) (cf. SCHARPF, 1987). Assim, o "corporativismo social-democrata" acabou por ser apenas um meio de conciliar uma economia aberta com um Estado de Bem-Estar Social generoso. O "Estado de Bem-Estar Social keynesiano" (cf. GARRETT; LANGE, 1996; GARRETT, 1995), com as suas características centrais de "gerenciamento da demanda, controles do capital, políticas industriais e uma prestação pública ampla do bem-estar social e de outros serviços sociais, nos moldes keynesianos" (GARRETT; LANGE, 1996, p. 61) não esgota a fonte de relações potenciais entre o bem-estar social doméstico e um regime liberal de comércio.

Além disso, ele não deve ser tratado como o único modelo a ser tomado como referência, quando se analisa a hipótese de desregulamentação neoliberal dos Estados de Bem-Estar Social avançados (cf. IVERSEN, 1999). Além disso, o compromisso continental entre a abertura externa e a compensação interna parece ser, no mínimo, tão estável politicamente quanto o compromisso social-democrata, apesar do fato de que o seu desempenho no que tange aos empregos é bem mais pobre.

Analisando os microefeitos dos regimes de Estado de Bem-Estar Social, torna-se óbvio que tal Estado pode sustentar muito bem altos graus de integração no mercado mundial, sem ter que manter o equilíbrio macroeconômico keynesiano entre contenção salarial (praticada nos sistemas centrais corporativos de ajuste salarial), políticas de pleno emprego e políticas monetárias e fiscais que dão suporte aos investimentos empresariais. Embora os países que não seguiram a tradicional estratégia social-democrata nórdica possam ter tido um desempenho menor com relação ao emprego, o alto desemprego nos países continentais não foi incompatível com altos graus de abertura comercial (veja HUBER; STEPHENS, 2001).

A falta de políticas ativas no mercado de trabalho e os generosos gastos governamentais não afetaram o alto grau de competitividade internacional do empresariado nesses países. Essas limitações óbvias à capacidade explicativa das hipóteses de compensação são realçadas pela argumentação apresentada neste trabalho, que enfatiza que a "liberalização internacional" não dá início, necessariamente, a uma reação em cadeia que resulta na "compensação doméstica" (KATZENSTEIN, 1985, p. 39). Ao contrário, a intervenção social doméstica com frequência permite que as empresas se tornem internacionais. Ironicamente, é o próprio Estado de Bem-Estar Social continental que frequentemente gera os "perdedores domésticos" da integração no mercado mundial, caso um alto salário social, embora ainda internacionalmente competitivo, cause sérios problemas para o emprego doméstico nos segmentos de trabalho com baixa qualificação/baixa produtividade (cf. SCHARPF, 1997; IVERSEN; WREN, 1998; com relação à Alemanha, MANOW; SEILS, 1999).

5. Referências bibliográficas

ALT, James E. *et al*. The political economy of international trade. Enduring puzzles and an agenda for inquiry. *Comparative Politics*, 29, p. 689-717, 1996.

BACCARO, Lucio; LOCKE, Richard M. *The end of solidarity? The decline of egalitarian wage policies in italy and sweden*. Cambridge: Massachusetts Institute of Technology, 1996.

CARLIN, Wendy; SOSKICE, David. Shocks to the system: the german political economy under stress. *National Institute Economic Review*, 159, p. 57-76, 1997.

CLAYTON, Richard; PONTUSSON, Jonas. Welfare state retrenchment revisited: entitlement cuts, public sector restructuring, and inegalitarian trends in advanced capitalist societies. *World Politics*, 51, p. 67-98, 1998.

CROUCH, Colin; STREECK, Wolfgang (coords.). *Political economy of modern capitalism: mapping convergence and diversity*. London, Thousand Oaks: Sage, 1997.

DORE, Ronald; BERGER, Suzanne (coords.). *National diversity and global capitalism*. Ithaca: Cornell University, 1996.

ERTMAN, Thomas. *The birth of the Leviathan — building states and regimes in medieval and early modern Europe*. New York: Cambridge University, 1999.

ESPING-ANDERSEN, Gøsta. Welfare states at the end of the century: the impact of labour market, family, and demographic change. In: OECD (coord.). *Family, market and the community:* equity and efficiency in social policy. Paris: OECD, 1997.

_____ . *The three worlds of welfare capitalism*. Cambridge: Polity, 1990.

_____ . After the golden age? Welfare state dilemmas in a global economy. In: ESPING-ANDERSEN, Gøsta (coord.). *Welfare states in transition:* national adaptations in global economies. London/ Thousand Oaks/ New Delhi: Sage, 1996.

ESTEVES-ABE, Margarita. Welfare finance nexus: a forgotten link? In: EBBINGHAUS, Bernhard; MANOW, Philip (coords.). *The varieties of welfare capitalism:* social policy and political economy in Europe, Japan and the USA. London: Routledge, 2006.

FERRERA, Maurizio. The "southern model" of welfare in social Europe. *Journal of European Social Policy*, 6, p. 17-37, 1996.

_____ . The uncertain future of the Italian welfare state. In: BULL, M.; RHODES, Martin (coords.). *Crisis and transition in Italian politics*. London: Frank Cass, 1997.

FLANAGAN, Robert; SOSKICE, David; ULMAN, Lloyd. *Unionism, economic stabilization and incomes policies:* european experiences. Washington: Brookings, 1983.

FRIEDEN, Jeffrey; ROGOWSKI, Ronald. The impact of international economy on national policies. In: KEOHANE, Robert; MILNER, Helen (coords.). *Internationalization and domestic politics*. Cambridge: Cambridge University, 1996.

GARRETT, Geoffrey. Capital mobility, trade, and the domestic politics of economic policy. *International Organization*, 49, p. 657-687, 1995.

_____ . *Partisan politics in the global economy*. Cambridge: Cambridge University, 1998.

GARRETT, Geoffrey; LANGE, Peter. Political responses to interdependence: what's "left" for the left? *International Organization*, 45, p. 539-564, 1991.

_____ . Internationalization, institutions and political change. In: KEOHANE, Robert; MILNER, Helen (coords.). *Internationalization and domestic politics.* Cambridge: Cambridge University, 1996.

GARRETT, Geoffrey; WAY, Christopher. Public sector unions, corporatism, and macroeconomic performance. *Comparative Political Studies*, 32, p. 411-434, 1999.

HALL, Peter A. The political economy of adjustment in Germany. In: NASCHOLD, Frieder *et al.* (coord.). *Ökonomische Leistungsfähigkeit und institutionelle Innovation:* das deutsche produktions — und politikregime im globalen wettbewerb. WZB-Jahrbuch 1997. Berlin: Sigma, 1997.

HALL, Peter A.; SOSKICE, David. An introduction to varieties of capitalism. In: HALL, Peter A.; SOSKICE, David (coords.). *Varieties of capitalism. The institutional foundations of comparative advantage.* Oxford: Oxford University, 2001.

HOLLINGSWORTH, Roger; BOYER, Robert (coords.). *Contemporary capitalism:* the embeddedness of institutions. Cambridge: Cambridge University, 1997.

HOLLINGSWORTH, Roger; STREECK, Wolfgang; SCHMITTER, Philippe (coords.). *Governing capitalist economies:* performance and control of economic sectors. New York: Oxford University, 1993.

HUBER, Evelyne; STEPHENS, John Stephens. Welfare state and production regimes in the era of retrenchment. In: PIERSON, Paul (coord.). *The new politics of the welfare state.* New York: Oxford University, 2001.

_____ . Internationalization and the social democratic model. *Comparative Political Studies*, 31, p. 353-397, 1998.

IVERSEN, Torben. Power, flexibility, and the breakdown of centralized wage bargaining. Denmark and Sweden in comparative perspective. *Comparative Politics*, 29, p. 399-436, 1996.

_____ . *Contested economic institutions*: the politics of macroeconomics and wage bargaining in advanced democracies. New York: Cambridge University, 1999.

_____ . The dynamics of welfare state: trade openness, de-industrialization, and partisan politics. In: In: PIERSON, Paul (coord.). *The new politics of the welfare state.* New York: Oxford University, 2001.

IVERSEN, Torben; WREN, Anne. Equality, employment, and budgetary restraint. *World Politics*, 50, p. 507-546, 1998.

KATZENSTEIN, Peter J. *Corporatism and change:* Austria, Switzerland and the politics of industry. Ithaca: Cornell University, 1984.

_____ . *Small states in world markets*. Ithaca: Cornell University, 1985.

KITSCHELT, Herbert. European social democracy between political economy and electoral competition. In: KITSCHELT, Herbert *et al.* (coord.). *Continuity and change in contemporary capitalism.* New York: Cambridge University, 1999.

164 CAPÍTULO 6

KOHLI, Martin *et al.* (coord.). *Time for retirement. Comparative studies of early exit from the labor force*. Cambridge: Cambridge University, 1991.

KUME, Ikuo. Cooptation or new possibility? Japanese labor politics in the era of neo conservatism. In: MURAMATSU, Michio; NASCHOLD, Frieder (coords.). *State and administration in Japan and Germany:* a comparative perspective on continuity and change. Berlin/New York: Gruyter, 1997.

LANGE, Peter; WALLERSTEIN, Michael; GOLDEN, Miriam. The end of corpo-ratism? Wage setting in the Nordic and Germanic countries. In: JACOBY, Sanford M. (coord.). *The workers of nations:* industrial relations in a global economy. New York: Oxford University, 1995.

LAZONICK, William. *Comparative advantage on the shop floor*. Cambridge: Harvard University, 1990.

_____. Organizations and markets in capitalist development. In: GUSTAFSSON, Bo (coord.). *Power and economic institutions:* reinterpretations in economic history. Alder-shot: Edward Elgar, 1991.

_____. Business organization and competitive advantage: capitalist transformations in the twentieth century. In: DOSI, Giovanni; GIANNETTI, Renato; TONINELLI, Pier Angelo (coords.). *Technology and enterprise in a historical perspective*. Oxford: Clarendon, 1992.

LEVY, Jonah. Vice into virtue? Progressive politics and welfare reform in continental Europe. *Politics & Society,* 27, p. 239-273, 1999.

LUEBBERT, Gregory. *Liberalism, fascism and social democracy. Social classes and the political origins of regimes in interwar Europe*. New York: Oxford University, 1991.

MANOW, Philip. Social insurance and the german political economy. *MPIfG Dis-cussion Paper,* 97/2, 1997.

MANOW, Philip; EBBINGHAUS, Bernhard (coords.). *The varieties of welfare capi-talism:* social policy and political economy in Europe, Japan and the USA. London: Routledge, 2006.

MANOW, Philip; SEILS, Eric. Adjusting badly: the German welfare state, structural change and the open economy. In: SCHARPF, Fritz W.; SCHMIDT, Vivien A. (coord.). *From vulnerability to competitiveness:* welfare and work in the open economy. New York: Oxford University, 1999.

MARES, Isabela. Firms and the welfare state: the emergence of new forms of unem-ployment. *Discussion Paper,* FS I, p. *96-308,* 1996.

_____. *Negotiated risks:* employers and welfare state development. PhD Thesis: Har-vard University, 2003.

MYRDAL, Gunnar. Economic nationalism and internationalism. *Australian Outlook,* 11, p. 3-50, 1957.

PIERSON, Paul. *Dismanteling the welfare state? Reagan, thatcher and the politics of re-trenchment.* Cambridge: Cambridge University, 1994.

_____ . The new politics of the welfare state. *World Politics*, 48, p. 143-179, 1996.

POCHET, Philippe; FAJERTAG, Guiseppe. Social pacts in europe in the 1990s: towards a European social pact? In: FAJERTAG, Guiseppe; POCHET, Philippe (coords.). *Social pacts in Europe*. Brussels: ETUI, 1997.

REGINI, Mario; REGALIA, Ida. Employers, unions and the state: the resurgence of concertation in Italy? *West European Politics*, 20, p. 210-230, 1997.

RHODES, Martin. Globalization and west European welfare states: a critical review of recent debates. *Journal of European Social Policy*, 6, p. 305-327, 1996.

_____ . Globalisation, labour markets and welfare states: a future of 'competitive corporatism'? In: RHODES, Martin; MENY, Yves (coords.). *The future of European welfare:* a new social contract? London: Macmillan, 1998.

_____ . The political economy of social pacts: 'competitive corporatism' and european welfare reform. In: PIERSON, Paul (coord.). *The new politics of the welfare state*. New York: Oxford University, 2001.

RIEGER, Elmar; LEIBFRIED, Stephan. Welfare state limits to globalization. *Politics & Society*, 26, p. 363-390, 1998.

RODRIK, Dani. *Has globalization gone too far?* Washington: Institute for International Economics, 1997.

ROTHSTEIN, Bo. Labor-market Institutions and working-class strength. In: STEINMO, Sven; THELEN, Kathleen; LONGSTRETH, Frank (coords.). *Structuring politics. Historical institutionalism in comparative analysis.* Cambridge: Cambridge University, 1992.

RUGGIE, John Gerard. International regimes, transactions, and change: embedded liberalism in the postwar economic order. *International Organization*, 36, p. 195-231, 1982.

_____ .Globalization and the embedded liberalism compromise: the end of an era? *Papier für die Konferenz MPIfG Lecture Series Economic Globalization and National Democracy.* Internet Version: erhältlich unter <http://www.mpi-fg- koeln.mpg.de/publikation/ working_papers/wp97-1_e/wp97-1_e.html>. Köln, Lecture given on october 24, 1996.

SCHARPF, Fritz W. *Sozialdemokratische kriesenpolitik in Europa*. Frankfurt: Campus, 1987.

_____ . Employment and the welfare state: a continental dilemma. *MPIfG Working Paper*, 97/7, 1997.

SCHMITTER, Philippe C.; GROTE, Jürgen R. The corporatist Sisyphus: past, present and future. *EUI Working Papers*. Bd. SPS n. 97/4. Badia Fiesolana, San Domenico: European University Institute, Political and Social Sciences Department, 1997.

SCHWARTZ, Herman. Small states in big trouble: state reorganization in Australia, Denmark, New Zealand, and Sweden in the 1980s. *World Politics*, 46, p. 527-555, 1994.

SOSKICE, David. Reinterpreting corporatism and explaining unemployment: co-ordinated and non-co-ordinated market economies. In: BRUNETTA, Renato; ARINGA, C. Dell' (coords.). *Labour relations and economic performance. International economic association conference.* London: Macmillan, 1990a.

_____ . Wage determination: the changing role of institutions in advanced industrialized countries. *Oxford Review of Economic Policy*, 6, p. 36-61, 1990b.

SOSKICE, David. Divergent production regimes: coordinated and uncoordinated market economies in the 1980s and 1990s. In: KITSCHELT, Herbert *et al.* (coord.). *Continuity and change in contemporary capitalism.* Cambridge: Cambridge University, 1999.

STEPHENS, John D. The Scandinavian welfare states: achievements, crisis, and prospects. In: ESPING-ANDERSEN, Gøsta (coord.). *Welfare states in transition.* London/ Thousand Oaks/New Delhi: Sage, p. 32-65, 1996.

STREECK, Wolfgang. Public power beyond the nation state: the case of the European community. In: BOYER, Robert; DRACHE, D. (coords.). *States against markets:* the limits of globalization. London: Routledge, 1996.

SWENSON, Peter. *Fair shares:* unions, politics, and pay in Sweden and west Germany. Ithaca: Cornell University, 1989.

_____ . Arranged alliance: business interests in the new deal. *Politics & Society*, 25, p. 66-116, 1997.

THELEN, Kathleen. Why German employers cannot bring themselves to dismantle the German model. 1999. In: IVERSEN, Torben; PONTUSSON, Jonas; SOSKICE, David (coords.). *Unions, employers, and central banks:* wage bargaining and macro-economic regimes in an integrating Europe. New York: Cambridge University.

TITMUSS, Richard M. What is social policy. In: ABEL-SMITH, Brian; TITMUSS, Kay (coords.). *Social policy:* an introduction. London: Allen & Unwin, 1974.

VISSER, Jelle; HEMERIJCK, Anton. *The dutch miracle*. Amsterdam: Amsterdam University, 1997.

VOGEL, Steven K. *Can Japan disengage? Winners and Losers in Japan's political economy, and the ties that bind them*. Cambridge: Harvard University. Department of Government, 1998.

WEAVER, Kent R. The politics of blame avoidance. *Journal of Public Policy*, 6, p. 371-398, 1986.

WOOD, Stewart. *Weakening codetermination? Work council reform in west Germany in the 1980s.* FS I, p. 97-302, 1997.

_____ . Labour market regimes under threat? Sources of continuity in Germany, Britain and Sweden. In: PIERSON, Paul (coord.). *The new politics of the welfare state.* New York: Oxford University, 2001.

CAPÍTULO 7

O Estado de Bem- -Estar Social nos Países Nórdicos[1]

Stein Kuhnle[2]

Sumário: 1. Introdução. 2. A criação da Seguridade Social. 3. O papel do Estado. 4. O modelo nórdico. 5. Desafios atuais. 6. Referências bibliográficas.

1. Introdução

No início do século XX, os países nórdicos[3] encontravam-se dentre os mais pobres da Europa. Mas no desenrolar do referido século, essa situação sofreu

---

(1) A versão original do presente artigo foi escrita em inglês, em março de 1998. A tradução para o português foi feita por Lorena Vasconcelos Porto.

(2) Norueguês e tem formação acadêmica nas áreas de Ciências Políticas, Administração Pública e Sociologia. É Professor de Políticas Sociais Comparadas na Universidade de Bergen (Noruega) e na Hertie School of Governance (Alemanha).

(3) A expressão "países nórdicos", de acordo com o autor, abrange Suécia, Noruega, Dinamarca, Finlândia e Islândia. Eles possuem em comum determinadas características, que permitem inseri--los em um mesmo grupo, tais como: geografia; religião luterana; fortes laços entre a Igreja e o Estado; língua; uma longa tradição democrática; conceitos básicos de justiça; economia mista;

uma reviravolta, graças a uma mistura — que se mostrou muito bem-sucedida — entre economia de mercado, democracia, organizações não governamentais e políticas intervencionistas do Estado.

Todos os países europeus podem ser, em linhas gerais, classificados como Estados de Bem-Estar Social. Mas o modelo nórdico se distingue dos demais em razão do papel dominante do Estado na formulação da política social e no desenvolvimento de um extenso setor público para a sua implementação. Nos demais países europeus, o Estado também assume uma função sociopolítica importante, mas o setor privado, as organizações não governamentais e a família exercem um papel de maior relevância, quando confrontados com os países nórdicos.

2. A criação da Seguridade Social

A seguridade social — que constitui o pilar do moderno Estado de Bem-Estar Social — foi uma criação europeia. Substituindo a legislação "pobre" da Europa, os programas nacionais de seguridade propiciaram uma resposta mais humana e efetiva para os problemas da velhice, doença, acidente de trabalho e desemprego.

Um dos primeiros programas estabelecidos foi a indenização compensatória paga aos trabalhadores das minas na Noruega, em 1842. Alguns outros planos limitados de Seguridade Social foram desenvolvidos na Europa durante as décadas seguintes, mas a mudança fundamental veio a ocorrer com a introdução de um sistema assecuratório nacional na Alemanha de Bismarck, ao longo da década de 1880. A inovação mais significativa, verdadeiro legado do sistema germânico, foi o princípio do seguro social obrigatório, controlado pelo Estado. Tal princípio foi duramente discutido à época, mas foi sendo incorporado, desde então, pela maioria dos sistemas de Seguridade Social.

O Seguro Social, criado na Europa, veio a se espalhar pelo resto do mundo. Em 1995, cerca de 165 países tinham já adotado alguma forma de Seguridade Social; aproximadamente todos eles asseguram proventos de aposentadoria e pensões aos dependentes, bem como indenizações por acidente de trabalho. O seguro-desemprego, todavia, é menos difundido, existindo atualmente apenas em cerca de 60 países.

---

nível avançado de igualdade entre homem e mulher; Estado de Bem-Estar Social; cooperativismo institucional.

3. O papel do Estado

Nos estágios iniciais de desenvolvimento dos sistemas de Seguro Social na Europa, o debate central relacionava-se ao papel do Estado. Surgiu, então, uma variedade de modelos, cujas linhas principais se fazem presentes ainda hoje. Com efeito, pode-se ainda, de forma genérica, estabelecer uma distinção entre o modelo da Europa setentrional — que dá ênfase à cidadania nacional e a uma estrutura institucional coordenada — e um modelo continental — caracterizado por instituições mais fragmentadas e pela maior dependência do papel da família.

Existem fatores históricos que ajudam a entender por que os cidadãos dos países europeus setentrionais em geral — e dos países nórdicos em particular — tendem a esperar mais dos seus Governos do que as pessoas da Europa meridional e dos Estados Unidos. O feudalismo na região nórdica foi menos rígido do que na Europa continental e, embora mantendo a distinção entre classes, as sociedades nórdicas eram comparativamente mais igualitárias no período pré-industrial. Tais países sempre tiveram populações relativamente pequenas, com um alto nível de homogeneidade cultural em termos de língua, religião, comportamento social etc.

Em todos os países nórdicos, por influência da Reforma Protestante, construiu-se uma sólida fusão entre a Igreja e o Estado, o que ajudou a fortalecer e legitimar o Governo central. Na Europa meridional, por sua vez, os serviços sociais em geral, tais como a saúde e a educação, permaneceram sob o domínio da "supranacional" Igreja Católica Romana, até uma época relativamente recente.

A crescente força do movimento trabalhista e as lutas de classes da era industrial resultaram em compromissos políticos, que assentaram as bases para a construção dos atuais sistemas de Seguridade Social, universais e igualitários, dos países nórdicos. Na virada dos séculos XIX/XX, a noção de um "seguro de pessoas" já estava assentada, mas foi apenas nas décadas de 1950 e 1960 que aqueles sistemas vieram a se estabelecer na região.

4. O modelo nórdico

Quando comparados com o restante da Europa, os Estados de Bem-Estar Social nórdicos apresentam doze características peculiares, que, consideradas em seu conjunto, podem ser vistas como um "modelo" nórdico específico. São elas:

> **1.** Um maior grau de intervenção estatal do que em outros países. A título de exemplo, o Estado garante pensões básicas e serviços de

saúde gratuitos ou altamente subsidiados para todos os residentes, embora a prestação desses serviços seja, em regra, administrada pelos governos provinciais ou locais.

2. Considerando os padrões internacionais, tais países têm a maior proporção de força de trabalho empregada nos setores social, de saúde e educação, a saber, cerca de 30%.

3. Grande dependência do setor público para prover os serviços educacionais e sociais; cerca de 90% do quadro de pessoal desses setores é composto por servidores públicos. A percentagem em questão nos demais países europeus varia de 40 a 80%; nos Estados Unidos é de 45%.

4. A organização da Seguridade Social ocorre por meio de sistemas nacionais coordenados, que têm total responsabilidade pelo pagamento de benefícios relativos a licenças de saúde, ao custeio de despesas com os filhos, pensões e pelos serviços de saúde.

5. Um nível comparativamente alto de confiança entre cidadãos e Governos. As sociedades nórdicas são mais "aliadas ao Estado" do que nos demais países europeus.

6. Os sistemas de Seguro Social são abrangentes ou universais, cobrindo populações inteiras ou subgrupos. Por exemplo: todo cidadão residente tem direito a receber um provento básico de aposentadoria por velhice, quando alcança a idade prevista em lei, mesmo na ausência de qualquer trabalho remunerado anterior; os benefícios para o custeio das despesas com os filhos são pagos a todas as famílias, independentemente do seu nível de renda; todos os residentes têm direito aos melhores serviços médicos disponíveis, independentemente da sua renda, *status* social ou outras características pessoais. Isso contrasta com a maioria dos países europeus, onde o gozo desses direitos é condicionado a uma efetiva participação no mercado de trabalho.

7. Um nível avançado de igualdade entre homens e mulheres, resultante, sobretudo, de leis promulgadas desde a década de 1970; todos os benefícios são essencialmente "neutros" com relação ao sexo, de modo que as mulheres são tratadas como indivíduos com necessidades e direitos próprios, e não apenas como viúvas e mães. Os mercados de trabalho nórdicos são caracterizados por altos índices de ocupação feminina, níveis remuneratórios quase iguais para homens e mulheres que exercem a mesma função e um sistema bem estruturado de suporte às trabalhadoras-mães.

8. Os sistemas de Seguro Social são desvinculados de aspectos ocupacionais ou de classe social. Assim, os que recebem salários altos encontram-se incluídos no mesmo sistema que aqueles com remuneração baixa ou mesmo inexistente.

9. A tributação generalizada constitui o principal meio de financiamento do Estado e tem o efeito de redistribuir a renda. Como resultado dos sistemas de Seguro Social universais e redistributivos dos países nórdicos, as suas taxas de pobreza encontram-se dentre as menores no mundo. Os benefícios mínimos não são elevados, mas generosos se comparados com aqueles presentes na maioria dos outros países.

10. Há uma maior ênfase no provimento de serviços — ao invés da transferência direta de renda — em comparação com os demais países europeus. Tais serviços incluem uma extensa rede de creches, asilos e assistência domiciliar para idosos e doentes em estado grave.

11. A ênfase, tradicional e forte, no pleno emprego, constitui uma meta em si mesma e uma condição necessária para gerar os recursos econômicos necessários ao custeio do Estado de Bem-Estar Social.

12. Um forte apoio popular. Questões como bem-estar das crianças, saúde pública, proteção dos idosos, dentre outras, são apontadas como prioritárias nas pesquisas de opinião e nos períodos eleitorais. Nenhum partido político que almeje um amplo suporte popular pode se dar ao luxo de ignorá-las.

O fato de os países nórdicos poderem ser descritos através das características acima elencadas não significa que eles se tornaram "paraísos do bem-estar". Como ocorre com qualquer nação, eles se deparam com uma série de velhos e novos desafios. Mas em comparação com outros países desenvolvidos, eles enfrentam níveis bem menores de criminalidade, uso abusivo de álcool e de drogas, pobreza e questões relacionadas. Além disso, problemas associados à monoparentalidade e ao desemprego tornam-se menos graves, em virtude do suporte dado pelas sociedades nórdicas às pessoas por eles atingidas.

Essa conjuntura comparativamente favorável é uma consequência das instituições e políticas sociais fortes das regiões e dos governos centrais. Demais disso, o espírito comparativamente igualitário dos países nórdicos — expresso, por exemplo, em suas políticas de redistribuição de renda — certamente contribui para uma maior estabilidade e coesão social.

5. Desafios atuais

A década de 1990 foi um período de considerável turbulência econômica, resultando, inusitadamente, em altas taxas de desemprego e crescente estrangulamento dos sistemas de Seguridade Social. A Suécia e a Finlândia foram atingidas mais severamente, enquanto que a Noruega obteve maior êxito no enfrentamento desses problemas, graças, em parte, às substanciais receitas advindas da exploração do petróleo e do gás. Islândia e Dinamarca ocupam uma posição intermediária nesse contexto.

Nos últimos anos, todos os Governos nórdicos intensificaram os seus esforços para ajudar os desempregados a reencontrarem um trabalho remunerado. Algumas pessoas podem ser levadas a interpretar essa tendência como uma concessão à ideologia neoliberal. No entanto, ela está em total consonância com a tradicional ênfase nórdica no valor do trabalho e na intensa participação na sociedade. Os políticos que tocam demasiadamente alto o trompete do neoliberalismo tendem a encontrar resistência nos países nórdicos. Desse modo, as estruturas básicas dos Estados de Bem-Estar Social nórdicos permaneceram intactas, em grande parte graças aos amplos compromissos políticos e ao suporte suficiente dos eleitores.

A essa altura, é impossível dizer se as pequenas modificações nos sistemas de Seguridade Social na Suécia e na Finlândia, e, em extensão ainda menor, na Dinamarca, podem prenunciar uma espécie de mudança fundamental. Todavia, até o presente momento, as instituições e os programas dos Estados de Bem-Estar Social nórdicos têm permanecido quase intactos, não obstante os sérios desafios dos últimos anos. Dessa forma, ainda é apropriado falar-se do "modelo nórdico" de sociedade.

6. Referências bibliográficas

ALESTALO, Matti; KUHNLE, Stein. The Scandinavian route: economic, social and political developments. In: ERIKSON, Robert *et al.* (coord.). *The Scandinavian model:* welfare states and welfare research. New York: M. E. Sharpe, 1987.

ERIKSON, Robert *et al.* (coord.). *The Scandinavian model:* welfare states and welfare research. New York: M. E. Sharpe, 1987.

ERVIK, Rune; KUHNLE, Stein. The Nordic welfare model and the European Union. In: GREVE, Bengt (coord.). *Comparative welfare systems:* the Scandinavian model in a period of change. Basingstoke: Macmillan, 1996.

ESPING-ANDERSEN, Gösta. *Three worlds of welfare capitalism*. Cambridge: Polity, 1990.

KUHNLE, Stein. Den Skandinavisk e velferdsmodellen — Skandinavisk? velferd? modell? (The Scandinavian Welfare Model — Scandinavian? Welfare? Model?). In: HOVDUM, Anders; KUHNLE, Stein; STOKKE, Liv. (cords.). *Visjoner om velferdssamfunnet (Visions of the welfare society)*. Bergen: Alma Mater Forlag, 1990.

_____ . Reshaping the welfare state. In: BUDGE, Ian; NEWTON, Kenneth *et al.* (coords.). *The politics of the new Europe*. London e New York: Longman, 1997.

_____ . The Scandinavian type of welfare state. *Modern Norway* — and China. Beijing: Development Research Centre of the State Council of People's Republic of China and the Royal Norwegian Embassy (English and Norwegian Texts), 1998.

LOJA VIRTUAL
www.ltr.com.br

E-BOOKS
www.ltr.com.br